□ 科教发展论丛（第三辑）

创新驱动与海外高层次人才区域政策

邹晓东 吴 伟 等著

Innovation-driven Strategy and Regional Policy for Overseas High-level Talents

ZHEJIANG UNIVERSITY PRESS
浙江大学出版社

序[①]

创新驱动，人才先行，已经成为政产学研各界的共识。吸引人才、集聚人才、培养人才，充分发挥高层次人才对科技创新、社会发展、文化繁荣、管理提升的重要引领作用，逐渐成为社会各行业、各领域的工作主旋律。在走向民族伟大复兴的征程中，在赶跑、并跑、领跑“三跑”并行的经济产业升级发展背景下，在改革开放向纵深发展和转型发展深入推进的历史节点，在振聋发聩的全面深化改革号角下，人才尤其是高层次人才对经济社会发展的驱动作用愈加明显。2015年全国“两会”期间，习近平总书记在参加上海代表团审议政府工作报告时明确指出，“人才是创新的根基，创新驱动实质上是人才驱动。谁拥有一流的创新人才，谁就拥有了科技创新的优势和主导权”。

随着高层次人才工作从包括人事部门、教育部门，更以组织部门牵头协调，相关政策逐渐走向政策体系的中心，相应举措层出不穷，成为社会舆论的热点。据统计，截至2015年年初，包括新疆、青海等地区在内的全国绝大部分省（区、市）都出台了针对海外高层次人才引进的工作计划。而全国县级以上城市的海外人才计划更是数不胜数，如苏州的“姑苏人才计划”、深圳的“孔雀计划”、无锡的“530计划”、宁波的“3315计划”、武汉的“黄鹤英才计划”，等等。国家“千人计划”是“国字号”人才工程，也是全国海外高层次人才引进

① 本书部分内容见于：浙江省人才发展研究院编．浙江人才发展蓝皮书(2011)[R]．北京：经济科学出版社，2011年版，第197—237页；中共浙江省委人才工作领导小组办公室、浙江人才发展研究院编．浙江省人才发展蓝皮书(2012)[R]．杭州：浙江大学出版社，2013年版，第160—173页，文中不再一一注明。

工作的发动机，从 2009 年到 2014 年的五年间，已分 10 批引进海外高层次人才 4180 人，设立海外高层次人才创新创业基地 112 家，分布在科研、教育、产业创新等各个领域。

随着创新驱动发展的重心下移，特别是以高新区、经开区、创业园、海创园、留创园、自贸区、自主创新示范区、综合改革试验区等为代表的“园区式”发展模式不断扩展，我们发现，人才政策逐渐呈现地方化、区域化、特色化的趋势。以区域为单位进行人才政策的研究，能够在政策与实践的结合点上得到更多的启示与借鉴。因此，我们决定以创新驱动发展和人才工作卓有成效的省域单位为样本，借助于宽广的区域经济社会发展视角，深入阐释海外高层次人才相关政策。

我们看过不少有关海外人才工作的论文、报告、书籍，总感觉事实阐述有余，而纵论分析不够，难解普通公众对相关情况深入了解之“渴”，也难以满足研究人员撷取学术内涵之“饥”。浙江大学发展战略研究院（浙江大学科教发展战略研究中心）研究团队，结合产学研合作、科技人力资源、协同创新、科教发展战略等相关主题课题研究，在全国许多科技创新的热点地区，如苏南地区、上海、北京、武汉、珠三角，进行了大量深入的调查研究，积累了较为丰富的素材。我们希望在大量事实梳理的基础之上，研究海外高层次人才地方政策的重点、框架和趋势，尝试跳出只罗列事实而缺乏“纵论”的弊端，以期对学术研究有所贡献，并体现对政策实践的指导价值。

从 2010 年开始，我们陆续承担了浙江省人才发展研究院（浙江省省委组织部和浙江大学联合发起成立）、浙江省人力资源与社会保障厅的相关委托课题，本书前期研究也是在“人才院”的支持与资助之下开展的。在此，向“人才院”的各位领导表示衷心的感谢。前期研究中，浙江大学科教发展战略研究中心研究生范惠明、李晨、李肖婧、姚慧丽、程媛等积极参加课题研讨，多次参与了外地调研，并撰写了部分内容；书稿整理过程中，韩旭、范惠明、汪雨婷、翁默斯等研究生付出了大量劳动，更新了许多资料；图书出版过程中，浙江大学出版社的李海燕编辑提供了大力支持，在此一并致谢。

特别需要感谢上海交通大学高等教育研究院的朱军文副研究员，他在科技人才方面的丰厚积累给了我们极大支持，书稿经其通篇审阅并提出不少修改意见，增色甚多。

由于海外高层次人才这一主题的宏观性、政策性、复杂性、时效性，作者水平有限，从事相关研究时间并不长，相关领域的学术素养还很薄弱，所以书中谬误之处自是难免，恳请方家大擘不吝赐教。

作　者

2015年4月1日

目 录

导言　创新驱动与海外高层次人才政策

2012年年底，党的十八大召开，正式提出了创新驱动战略，成为我国改革开放新时期的重大发展战略。大会报告指出，"科技创新是提高社会生产力和综合国力的战略支撑，必须摆在国家发展全局的核心位置"，强调要坚持走中国特色自主创新道路、实施创新驱动发展战略。这是我们党放眼世界、立足全局、面向未来做出的重大决策。从"科技是生产力"到"科技是第一生产力"，从"科教兴国"到"建设创新型国家"，从"自主创新"到"创新驱动发展"……科技创新，对中国而言不仅是时代的选择，更是历史的传承。[①] 而经济发展"新常态"的提出，更是进一步凸显出了"创新驱动"在经济社会发展新全局中的核心地位，从要素驱动、投资驱动，到创新驱动，是必然，也是必须。

创新驱动开启了新时期重在以科技创新驱动经济社会发展的大幕，并确立了2020年进入创新型国家行列的目标。"创新驱动发展"战略的根本，是要把依靠传统的劳动力以及资源能源驱动的发展模式转变为主要依靠科技创新驱动的发展模式，加快实现由低成本优势向创新优势的转换。创新驱动发展，企业是主体，核心是科技，关键靠人才。对于创新驱动与人才的关系，有这样的观点：在生产力发展的诸多要素中，劳动力是第一要素；在创新驱动的诸多要

① 陈磊. 从"科学的春天"到创新驱动发展——我国35年来科技改革发展纵览[N]. 科技日报，2013年12月2日，第1版。

素中，人才特别是创新人才是核心要素。[①] 只有创新型人才的大量集聚，才能使我国发展的战略机遇期进一步延长，才能使资源要素瓶颈得到有效纾解，才能实现社会发展的速度、质量和效益的不断平衡，也才能从根本上保障在“新常态”下培育经济社会发展的巨大韧性、潜力和回旋余地。《国家中长期人才发展规划纲要(2010—2020年)》提出要“大力吸引海外高层次人才回国(来华)创新创业，重点围绕国家发展战略目标，在中央、国家有关部门、地方分层次、有计划地引进一批能够突破关键技术、发展高新技术产业、带动新兴学科的战略科学家和创新创业领军人才。”2010年7月29日，时任国家副主席习近平在北戴河看望休假的“千人计划”入选专家代表时指出，“海外高层次引进人才是我国改革开放和社会主义现代化建设不可或缺的重要人才资源。要以更大力度推进‘千人计划’，更好地发挥海外高层次引进人才的作用。为了使海外高层次引进人才更好地发挥作用，我们要坚持充分尊重、积极支持、放手使用的方针。”2013年9月30日，习近平在主持中共中央政治局第九次集体学习时的重要讲话指出，“要积极引进海外优秀人才，制定更加积极的国际人才引进计划，吸引更多海外创新人才到我国工作。”

2013年10月21日，习近平总书记在欧美同学会成立100周年庆祝大会上的讲话中指出，综合国力竞争说到底是人才竞争，人才资源作为经济社会发展第一资源的特征和作用更加明显，人才竞争已经成为综合国力竞争的核心。并提出，党和国家将……把做好留学人员工作作为实施科教兴国战略和人才强国战略的重要任务，以更大力度推进“千人计划”、“万人计划”，千方百计创造条件，使留学人员回到祖国有用武之地，留在国外有报国之门。[②] 这个讲话表明，新一届中央领导班子将延续进入新世纪以来启动并深入实施的各项海外人才政策，给海外人才，国内各地区、各人才引进主体吃了定心丸。

2015年3月13日，中共中央、国务院发布《关于深化体制机制改革　加快实施创新驱动发展战略的若干意见》提到，“要实行更具竞争力的人才吸引制度，对持有外国人永久居留证的外籍高层次人才在创办科技型企业等创新活动方面，给予中国籍公民同等待遇。围绕国家重大需求，面向全球引进首席科学

---

① 陆晓华. 抢占“塔尖”人才新高地 关注苏州创新驱动新优势[N]. 苏州日报，2014－11－21，第1版.

② 习近平. 在欧美同学会成立100周年庆祝大会上的讲话[N]. 人民日报，2013－10－22，第2版.

家等高层次科技创新人才。广泛吸引海外高层次人才回国(来华)从事创新研究。”文件内容从体制机制高度(如探索建立技术移民制度)指明了海外高层次人才政策的未来方向,进一步明确了海外高层次人才在我国创新驱动发展中的关键创新要素和关键依靠力量的地位和角色。

回顾历史,海外高层次人才在革命战争、祖国建设、改革开放中立下过汗马功劳;展望未来,海外高层次人才也必然会为中国梦的实现建立卓越功绩。研究发现,海外人才对本土的知识溢出效应十分明显:海归回流作为国际知识转移新渠道对中国知识溢出效应有显著影响,回流量一旦跨越某一门槛值,海归回流的知识溢出效应呈现跃升、加速态势,进而说明各地政府应大力引导海归回流。① 可以说,在科技创新竞争愈加激烈、提质增效转型发展诉求日益迫切、各地方发展形势逼人的背景下,“充分开发利用国内国际人才资源,积极引进和用好海外人才”已经成为各地区、各领域、各单位的政策重心,而海外高层次人才政策更是未来很长时间内我国人才工作的重要内容。

创新驱动发展需要海外高层次人才,但通观海外高层次人才引进、培养、使用的整体状况,还存在着较多不完善、不充分、不到位的地方,要实现海外高层次人才“来得了、待得住、用得好、流得动”的目标,还有很多工作要做,更需要从战略高度进行系统谋划。这方面的问题包括:(1)政策稳定性不强,政府层级间的协调性不够,政策体系庞大繁琐,漏洞与龃龉同时存在,造成政策资源浪费和财政扶持浪费;(2)人才引进与地方发展的匹配度不充分,人才引进中的数量至上、政绩冲动、盲目跟风、政策趋同等现象在政策初期比较普遍;(3)人才队伍结构对高层次人才创新创业的支撑作用不明显,政策体系特别是扶持政策过多青睐“拔尖”、“卓越”、“领军”等,未能从人才队伍体系角度来综合考虑;(4)人才快速成长的软环境尚未建成,尊重人才、以人为本、制度优先的文化氛围尤其在欠发达地区还不完备,尚未成为共识;(5)人才引进后的生活保障与可持续关怀缺失,尤其是为中青年人才提供跟踪服务和持续支持的措施和手段还比较欠缺。

我们希望通过对全国科技创新和人才集聚突出的若干地区的海外高层次人才政策进行“全景扫描”和框架性比较,反映其普遍规律及其背后的经济、制

① 杨河清,陈怡安. 海归回流:知识溢出及门槛效应——基于中国的实证检验[J]. 人口研究,2013年第5期,第91—102页.

度、文化因素，为相关政策的制定提供参考，并为有关学术研究提供素材和理论成果。在案例选择上，我们的主要考虑是，希望涵盖当前科技创新资源集聚优势相对明显并处在国家政策关照清单前列的地区和省域，如长三角地区、京津冀地区、珠三角地区。根据部分研究成果，这些地区尤其是这些地区的部分城市处于投资驱动向创新驱动过渡或已经处于创新驱动发展阶段。[①] 因此，对这些重点区域的深入分析具有典型意义。在分析中，我们注重地方经济社会发展背景与海外高层次人才政策之间的关联，以提高政策分析的客观性和指导意义。

本书推出的时候，应该是国家各领域"十三五"发展规划如火如荼编制的时间节点。"十三五"期间，将是国家在实现"两个一百年"奋斗目标的"中国梦"过程中至关重要的一个阶段。在这个阶段，创新驱动发展的社会发展样态能否建立，创新要素汇聚红利能否释放，高层次人才对创新的支撑引领能否显现，关涉中国从科技创新大国到科技创新强国转变的进程能否顺利实现，甚至关系中国未来几十年经济社会发展全局之表现。敢于啃硬骨头，敢于涉险滩，敢于过深水区等表述，把未来一段时间国家发展尤其是创新驱动发展的严峻形势刻画得淋漓尽致，表明了这一过程的艰巨性、长期性和风险性。无疑，海外高层次人才政策是创新政策、科技政策、人才政策等政策指向的重要交集，是创新驱动发展的重要政策领域。本书正是基于这一点，以创新驱动发展的视角来审视、贯穿、提挈海外高层次人才区域政策，以期从中发现规律性，便于政策创新，助益政府决策。

---

① 吕薇等著. 区域创新驱动发展战略：制度与政策[M]. 中国发展出版社，2014 年 8 月版，前言.

第一章 概念、背景与成效

从经济社会发展全局来看，应对全球性重大挑战、推动科技创新发展、促进产业提档升级，需要一支宏大的高层次创新人才队伍支撑。在创新驱动型经济憧憬中，我国经济社会发展必然依赖大批高层次创新拔尖人才，由他们来引领和支撑企业技术创新，提升产业国际竞争力。本章主要以“千人计划”为例，简单阐述海外高层次人才的基本概念、海外高层次政策背景和我国海外引才基本成效。

第一节 海外高层次人才的基本概念

从理论上看，“海外高层次人才”还不是一个有确切范围和内涵的概念，甚至还未成为一个具有内在规定性的研究对象；从政策规定来看，在不同时期、不同区域、不同政府层级，海外高层次人才的范围和内涵也有些许变化；从人才引进工作的实践来看，“高层次人才”、“海外高层次留学人才”、“海外高层次人才”、“海外人才”、“出国留学人才”等提法同时存在，不同人才工作部门往往采用不同概念。而就引进条件的规定而言，政府层级越高，其出台的海外人才计划对海外人才的限定条件也越苛刻。因此，政策指向的海外高层次人才概念更多表现为人才“外延”，学术研究上的海外高层次人才概念更多体现为人才“内涵”，是两种完全不同的视角，以下论述两者兼顾。

(一)海外高层次人才概念

在弄清"海外高层次人才"内涵前,必须先弄清"高层次人才"内涵,明了"高层次人才"内涵,加上"来自海外或者在海外工作、学习若干时间,具备海外背景"等限定条件之后,自然就是"海外高层次人才"。在现有的政策文件和文献中,出现频次较高的是"高层次人才"、"高层次创新人才"、"高层次创造性人才"。

李中赋和徐天祥(2004)①认为,在不同发展水平、不同发展阶段、不同区域,高层次人才的概念是不同的。一般来说,高层次人才是知识层次高、创新能力强、社会贡献大的人才群体。张倩(2010)②认为,从国家层面上看,高层次创造性人才指能够产生对国家、地区或行业的经济、政治、文化和社会发展产生重大影响的创造性成果,包括重大科学发现、重大科技发明、重大工程设计、重大战略思想、重大管理创新等重大成果的稀缺人才。李燕萍等(2010)③认为,高层次创造性人才是指在各领域中具有强烈事业心和社会责任感,具备创新精神和很强创造力,并为社会发展和人类进步已经产生或有能力产生重大原始创新性成果的杰出人才。从以上几个高层次人才内涵的探讨看,高层次人才的显著特征包括:①高端性。高层次人才必然居于人才金字塔的顶端,他们在某一学科、某一行业、某一领域居于国内外尖端或前沿地位,具有一般人才所不具备的威信和影响力。②创造性。高层次人才必须具有创造性思维,要有创新意识和创新精神,能够在科技前沿领域做出原创性的科研成果,能引领国际前沿,或具有强化的创业能力和创新精神。③成果卓著。高层次人才必须能或已经创造出卓著的创新创业成果,在社会各阶层能产生广泛的持续的影响,能产生巨大的社会效益、经济效益。④稀缺性。高层次人才的高层次性就决定了它必然是稀缺的,因此在高层次人才总量一定的条件下,利用各种方式吸引高层次人才对提高国家和地区竞争力就显得尤为重要。⑤相对性。"高层次"具有地域的相对

---

① 李中赋,徐天祥. 关于凝聚高层次人才的战略思考[J]. 中共济南市委党校学报,2004 年第 2 期,第 35—38 页.

② 张倩. 高层次创造性人才的界定与识别[J]. 科技进步与对策,2010 年第 11 期,第 149—151 页.

③ 李燕萍,吴绍棠,夏义堃. 高层次创造性人才:概念、意义与建设对策[J]. 重庆理工大学学报(社会科学版),2010 年第 1 期,第 77—80/109 页.

性和学科的相对性。由于地域的差异，每个地方可能对高层次人才都有自己的界定，这个地方的高层次人才在另一个地方就可能不是高层次人才。而高层次人才具有专业性则是不言自明的。

国内不少政策文件或咨询研究中，一般将人才分为党政人才、企业经营管理人才、专业技术人才、高技能人才、农村实用人才和社会工作人才六类。这六类人才基本涵盖了我国目前阶段的所有人才，且通过明确的统计口径得到了准确的人才数量。而对于“高层次人才”，国内尚未有明确的外延界定，也较难确切掌握国内高层次人才的数量。

实际上，本书聚焦于海外高层次人才政策，因而将依据研究内容将“高层次人才”界定为或默定为“高层次科技创业创新人才”。从实践角度看，本书所谓“海外高层次科技创业创新人才”即是指符合中央、省（区、市）、市、县各级海外高层次人才引进计划条件或有潜力符合这些条件的人才。那么，也是从实践的角度看，海外高层次人才在创新驱动发展战略的大背景下，更多体现出创业性、复合型、高知识性、全球流动、稀缺性等特征。他们居于科技创新前沿，具备社会资本、知识资本、文化资本甚至金融资本于一体，能够对经济社会发展尤其是科技产业的发展产生重要推动作用，是全面建成小康社会的重要依靠力量。

国家层面对“海外高层次人才”首次作出界定的是 2000 年人事部印发的《关于鼓励海外高层次留学人才回国工作的意见》（人发〔2000〕63 号），文件规定“海外高层次留学人才是指我公派或自费出国留学，学成后在国外金融机构、跨国公司、国际组织、著名高校、科研院所等从事金融、工程技术、教学、科研、管理等工作，取得显著成绩，并为国内急需的中青年高级经营管理人才、专业技术人才、学术技术带头人，拥有具有产业化开发前景的专利、发明或专有技术等人”。

2005 年，人事部、教育部、科技部、财政部联合印发《关于在留学人才引进工作中界定海外高层次留学人才的指导意见》的通知（国人部〔2005〕25 号），文件在人发〔2000〕63 号文件界定的海外高层次人才的基础上，进一步明确了界定条件，即：①在国际学术技术界享有一定声望，是某一领域的开拓人、奠基人或对某一领域的发展有过重大贡献的著名科学家；②在国外著名高校、科研院所担任相当于副教授、副研究员及以上职务的专家、学者；③在世界五百强企业中担任高级管理职务的经营管理专家，或在著名跨国公司、金融机构担任高级技术职务，在知名律师（会计、审计）事务所担任高级技术职务，熟悉相关领域业务和国际规则，有较丰富实践经验的管理人员或技术人员；④在国外政府机构、政府间国际组织、著名非政府机构中担任中高层管理职务的专家、学者；⑤学术造诣高深，对某一专业或领域的发展有过重大贡献，在国家著名的学术刊物发表过有影响的学术论文，或获过有国际影响的学术奖励，其成果处于本行业或本领域学术前沿，为业内普遍认可的专家、学者；⑥主持过国际大型科研或工程项目，有较丰富的科研、工程技术经验的专家、学者、技术人员；⑦拥有重大技术发明、专利等自主知识产权或专有技术的专业技术人员；⑧具有特殊专长并为国内急需的特殊人才。2007 年 2 月 15 日，人事部、教育部、科技部、财政部、外交部、国家发展改革委、公安部、商务部、人民银行、国资委、国务院侨办、中科院、国家外专局、海关总署、税务总局、工商总局等 16 个部门联合出台的《关于建立海外高层次留学人才回国工作绿色通道的意见》（国人部发〔2007〕26 号）再次明确并使用这个定义。

2008 年 12 月，中央"千人计划"进一步丰富了"海外高层次人才"概念的内涵和外延。"千人计划"引进人才，要求一般应在海外取得博士学位，原则上不超过 55 岁，引进后每年在国内工作一般不少于 6 个月并符合下列条件之一：①在国外著名高校、科研院所担任相当于教授职务的专家学者；②在国际知名企业和金融机构担任高级职务的专业技术人才和经营管理人才；③拥有自主知识产权或掌握核心技术，具有海外自主创业经验，熟悉相关产业领域和国际规则的创业人才；④国家急需紧缺的其他高层次创新创业人才。可以看出："千人计划"关于"海外高层次人才"的概念，一方面是"海外高层次留学人才"的延伸，另一方面是对"海外高层次留学人才"的扩展。这一概念的提出，不仅从改革开放 30 多年留学人员出国学习和回国服务的历史必然性高度定位了引进这类人才的必要性、可能性以及工作重点，而且从"非国籍"的角度、用"不外气"方式逻辑地涵盖了外国专家。特别是该计划着重强调要重点引进一批在移动通信、能源、核电、飞机、分子科学、微物质科学领域，光电、船舶与海洋金属材料等国家重点实验室，物理、生命科学、农业、医学科学院，以及工程技术高新技术产业开发园区，能够突破关键技术、发展高新产业、带动新兴学科的战略科学家和科技创新创业领军人才拔尖人才和创新团队，尤其是高新技术、高级管理、高级创意人才。

2010 年 12 月，中组部启动青年海外高层次人才引进计划工作（简称"青年千人计划”)，计划分5年引进约2000名海外青年人才。中央人才工作协调小组批准通过的《青年海外高层次人才引进工作细则》，规定“青年千人计划”的申报对象，主要面向自然科学或工程技术领域，年龄不超过40周岁；在海外知名高校取得博士学位，并有3年以上的海外科研工作经历；申报时在海外知名高校、科研机构或知名企业研发机构有正式教学或科研职位；为所从事科研领域同龄人中的拔尖人才，有成为该领域学术或技术带头人的发展潜力。对博士在读期间已取得突出研究成果的应届毕业生，或其他有突出成绩的，可以破格引进。入选“青年千人计划”的海外人才须全职回国工作，主要在国内高校、科研机构(含转制科研院所)工作。这表明，国家在推出“千人计划”之后，又重点强化了对青年人才群体的挖掘和支持，也反映了人才引进理念由“引才即用”向“储才备用”转变。

综上对“高层次人才”以及“海外高层次人才”的讨论，本书认为“海外高层次人才”是指在海外有一定的学习、研究或工作经历，在某一学科、行业或领域处于国际一流、国内领先地位，具有较强的创新创业能力，回国后有望创造出重大科研成果，或创办高新技术企业，能够产生较大社会效益和经济效益的高层次人才，他们可能从事科技创新、经营管理、创办企业等方面的工作。

概念分析中对创新人才与创业创新人才的区分也是必要的。起初，“千人计划”将“海外高层次人才”分为创业人才和创新人才，可能也是因为在引进和使用上的诸多不同。创业人才是指引进的带技术、带项目到国内独自创业或与其他投资方共同创业的海外高层次人才。创新人才是指到高校、科研机构、中央企业和国有商业金融机构等进行学术研究或技术研发的海外高层次人才。在研究和调研中，我们发现“进入高校、科研机构的海外高层次创新人才”与“进入中央企业和国有商业金融机构的海外高层次创新人才和海外高层次创业人才”之间在人才本身的属性和引进管理上都存在着诸多差异，所以依照人才发展规律和提高人才引进的科学性，对其进行分类研究显得非常必要。

本书主要关注“海外高层次创业创新人才”，即来自海外的在地方从事创办企业、科技研发及孵化、经营管理等活动的非高校所属的高层次人才。原因在于：政府尤其是地方政府海外高层次人才政策的主要趋向应该是针对行业企业领域的创业创新人才，高校海外高层次人才的引进和成长更多是高校自己的事情。从实际情况看，地方政府更加关注企业人才引进，这或许与政府关注地方经济发展甚至是GDP、财政收入有关，而高校人才对地方政府的短期意义不大，有些地方仅仅是在推动产学研合作的层面关注高校人才引进。二者在引进和管理上也有诸多不同：

①引才渠道。高校人才在某一学科领域具备较高知名度，特别是高端人才往往为国内外同行所熟知，部分学者长期与国内学术同行保持紧密联系。因此，高校人才的引进渠道相对固定，主要采用介入某一“学术圈子”获取人才信息，通过“学术共同体”的相互引荐的办法较为有效。而企业人才来源相对广泛，而且新技术、新项目的拥有者具有一定隐蔽性，所以，往往需要以广泛宣传和海外招聘的方式来引进。

②人才评审。高校人才评审一般通过其学术成果和海内外同行评议来决定其层次高低及聘用与否，这种评审较多关注海外人才的科学能力、学术水平和发展潜力；而企业人才的评审主体应该相对广泛，包括人才引进者、使用者、行业人士，甚至包括金融、学术领域的专家等，评审内容一般为其海外创业经历或工作经历以及其技术成果的应用前景，甚至包括其潜在的创业动机、创业能力、创业精神等。

③业绩考核。高校人才的绩效考核集中于是否在学术研究上取得了进步，虽然可以通过多种方式进行业绩考核，但囿于学术研究特性，很难对其进行确切考核；企业人才考核主要关注其技术成果是否能够产品化进而产业化获取市场利润，或者能够给现有企业带来技术创新和突破，提高企业业绩，所以对企业人才的考核相对容易和直观。

④问题异化。高校人才遇到的问题具有雷同性，包括仪器设备配备、办公场地提供、子女配偶安置、生活条件保障（医疗、养老、住房），其问题解决具有各高校自身特色，往往依赖于高校自身的各种资源条件，许多问题不具有研究的普遍意义，只需要政府提供一定优惠保障即可。而由于经济活动的复杂性、多面性，产业界人才在创业创新中遇到的问题复杂而善变，且具有典型的区域特征，因而更加具有探索其背后规律性的必要。

所以，本书的关注对象主要是直接服务经济发展领域的海外高层次引进人才，即所谓“海外高层次创新创业人才”，基本上不涉及高校领域的海外高层次人才。

(二)海外高层次人才政策

“人才政策”即政府颁布并实施的有利于引进、培养、使用人才,充分发挥人才才能的涉及人才创新、创业、生活等的一系列政策。就目前“海外高层次人才政策”而言,可以分为“与人才自身直接相关的政策”以及“与人才创新创业相关的政策”。“与人才自身直接相关的政策”是各级党政部门出台的直接针对人才工作出台的规范性文件。比如,中共中央国务院印发的《国家中长期人才发展规划纲要(2010—2020年)》,中组部出台的《中央人才工作协调小组关于实施海外高层次人才引进计划的意见》,人力资源和社会保障部出台的《关于加强留学人员回国服务体系建设的意见》;浙江省政府办公厅发布的《浙江省海外高层次人才居住证管理暂行办法》,杭州市委市府办公厅印发的《杭州市全球引才“521”计划实施意见》,等等。

“与人才创新创业相关的政策”则是为促进创新创业而制定的引导、鼓励和优惠性政策,这类政策一般适用于所有的符合条件的创新创业人才或企业。主要包括四大类:一是引导性政策。不出台具体规定,起引导企业创新创业作用。例如国务院办公厅《关于进一步支持企业技术创新的通知》,科技部《关于进一步促进科技型中小企业创新发展的若干意见》等。二是税收优惠政策。对符合条件的人才和企业给予税收优惠。例如《财政部 国家税务总局关于企业所得税若干优惠政策的通知》(2008),《浙江省人民政府关于进一步支持企业技术创新加快科技成果产业化的若干意见》中的相关规定。三是产业扶持政策。近年来国家和地方为扶持战略性新兴产业发展,专门出台了扶持单个产业发展的政策。例如财政部、国家税务总局《关于进一步鼓励软件产业和集成电路产业发展企业所得税政策的通知》(2012)。四是投融资扶持政策。通过政府政策和资本引导社会资本参与投资企业,解决企业融资难问题。例如《浙江省创业风险投资引导基金管理办法》(2009),《浙江省小企业贷款风险补偿办法》(2009)等。

从实践角度看,海外高层次人才政策包括涉及人才引进和使用全过程的相关政策体系。而政策的出发点即为建立引进工作长效机制、提高引进工作效率、促进人才充分发挥作用,其中又包括需求预测、引进实施、人才评价、培养和服务等方面,政策过程主要关注以下问题:①如何制定人才引进的事前规划,拓宽海外人才来源,并以此为依据强化对目标人才或人才群体的跟踪和沟通;②

如何建立和完善人才引进的科学评选，建立稳定的人才申报、遴选、评审、审批机制，着力规避引进风险；③如何建立符合海外高层次人才实际同时又符合人才引进工作实际的服务保障制度，实现人才引进后的落实安排、再培养、管理服务等相结合，保障生活待遇和创新创业条件，解决引进人才由“体制外”到“体制内”的融合问题；④如何创建一套针对海外高层次人才引进的效果评估体系，注重引进后对人才创新创业情况的长期跟踪，为后轮的海外人才引进提供战略依据。

第二节　海外高层次人才政策背景

本节我们先介绍国家层面海外高层次人才政策的典型项目“千人计划”的状况，然后整体上介绍海外高层次人才政策背景。

(一)“千人计划”概况

2008年12月23日，中共中央办公厅转发《中央人才工作协调小组关于实施海外高层次人才引进计划的意见》，标志着全国范围内的海外高层次人才计划全面启动。国字号的海外高层次人才引进计划简称“千人计划”，主要目的是从2008年开始用5至10年时间，围绕国家发展战略目标，在国家重点创新项目、重点学科和重点实验室、中央企业、大学和科研机构以及部分国家级高新技术产业开发区为主的各类园区，建立海外高层次人才创新创业基地，推进产学研紧密结合，探索实行国际通行的科学研究和科技开发、创业机制，集聚一批海外高层次创新创业人才和团队。其中，引进重点是能够突破关键技术、发展高新产业、带动新兴学科的战略科学家和领军人才。

中央人才工作协调小组由中央组织部、人力资源和社会保障部会同教育部、科技部、中国人民银行、国资委、中国科学院、中央统战部、外交部、发改委、工业和信息化部、公安部、财政部、侨办、中国工程院、自然科学基金委、外专局、共青团中央、中国科协等单位组成，因而“千人计划”是一项横跨多个中央部委机构的联合行动计划。海外高层次人才引进工作专项办公室设在中央组织部人才工作局，作为中央人才工作协调小组的日常办事机构，负责“千人计划”的具体实施。在各级地方党委一般都会设立各级地方人才工作领导小组，小组办公室设在各级党委组织部门。

继2008年推出“千人计划”后，国家层面在2011年又推出“外专千人计划”（由国家外国专家局具体负责），重点吸引非华裔外国专家；2011年起实施“青年千人计划”，主要面向海外青年人才，强调全职回国。迄今为止，依据中共中央组织部办公厅发布的《关于2014年“千人计划”申报工作的通知》，所申报的项目中“人文社科类项目”包含于创新人才长期项目中。除新出现的“新疆项目”、“西藏项目”之外，业已形成了覆盖不同专业领域、不同年龄段和梯次配置的六大引才项目体系，分别是“创新人才长期项目（含人文社科项目）”、“创新人才短期项目”、“创业人才项目”、“‘外专千人计划’项目”、“‘青年千人计划’项目”、“顶尖人才与创新团队项目”，其基本情况如表1-1。

表1-1 “千人计划”项目体系基本情况

项目概况	引进对象、条件和要求	引进待遇和保障
创新人才①长期项目（2008年），由科技部、教育部、国资委、中国人民银行、人力资源和社会保障部负责	在海外取得博士学位，不超过55岁，引进后每年在国内工作不少于6个月，并符合下列条件之一：1.在国外著名高校、科研院所担任相当于教授职务的专家学者；2.在国际知名企业和金融机构担任高级职务的专业技术人才和经营管理人才；3.拥有自主知识产权或掌握核心技术，具有海外自主创业经验，熟悉相关产业领域和国际规则的创业人才；4.国家急需紧缺的其他高层次创新创业人才。	1.中央财政给予引进人才每人人民币100万元的一次性补助；2.授予“国家特聘专家”称号；3.用人单位提供科研场所、科研经费、科研团队等必要的工作支持，可担任高等院校、科研院所、中央企业、国有商业金融机构中级以上领导职务或者高级专业技术职务；4.可申请办理《外国人永久居留证》或者2～5年有效期的多次往返签证，享受所在地医疗照顾人员待遇，对作出突出贡献的可实施期权、股权等中长期激励方式，在税收、住房、配偶安置、子女就学等方面予以优待。

① 《引进海外高层次人才暂行办法》，中组发〔2008〕28号，千人计划网：http://www.1000plan.org/subject/pages/1。

续表

项目概况	引进对象、条件和要求	引进待遇和保障
创业人才①(2008年),由科技部、人力资源和社会保障部负责	1.拥有自主知识产权和发明专利,且其技术成果国际先进,能够填补国内空白、具有市场潜力并进行产业化生产;2.有海外创业经验或曾在国际知名企业担任中高层管理职位3年以上,熟悉相关领域和国际规则,有经营管理能力;3.自有资金(含技术入股)或海外跟进的风险投资占创业投资的50%以上。	1.中央财政给予每人人民币100万元的资助,有关地方提供配套支持;2.给予多次出入境签证;3.国家和地方科技型中小企业技术创新基(资)金给予优先支持;4.可承担国家重点科技、产业、工程项目任务(对于涉及国家安全的,须另行批准),其产品符合要求的,纳入政府采购目录。
青年千人②(2010年),由中央人才工作协调小组负责	1.属自然科学或工程技术领域,年龄不超过40周岁;2.在海外知名高校取得博士学位,并有3年以上的海外科研工作经历;3.申报时在海外知名高校、科研机构或知名企业研发机构有正式教学或科研职位;4.引进后全职回国工作;5.为所从事科研领域同龄人中的拔尖人才,有成为该领域学术或技术带头人的发展潜力。对博士在读期间已取得突出研究成果的应届毕业生,或其他有突出成绩的,可以破格引进。	1.中央财政给予引进人才每人人民币50万元的一次性补助;2.中央财政按照批准的引进人才名单和经费补助标准,给予引进人才科研补助经费,一次核定,按进度拨款;3.引进人才的其他工作条件和生活待遇,参照“千人计划”现有政策执行。
创新人才短期项目③(2010年),由科技部、教育部、国资委、中国人民银行、人力资源和社会保障部负责	1.申请的短期项目须系国家科技、产业发展和学科建设急需、紧缺领域的领军人才或学术技术带头人,符合《引进海外高层次人才暂行办法》规定的引才标准;2.在国内工作单位固定,有明确具体的工作目标任务,能做出实质性贡献;3.已与用人单位签订至少连续3年,每年在国内工作不少于2个月的工作合同,并明确合同期内工作成果知识产权的归属。	1.中央财政给予创新人才短期项目引进人才每人人民币50万元的补助;2.根据引进人才的实际需要,可为其办理出入境、医疗、保险等手续;3.在合同期满后申请全职回国(来华)工作的,在签订聘用合同后,由用人单位提出申请,报专项办同意,可直接进入创新人才长期项目;4.授予“国家特聘专家”称号,由中央财政再为其发放人民币50万元的补助。

① 《海外高层次创业人才引进工作细则》,中组发〔2008〕28号。

② 《青年海外高层次人才引进工作细则》,组通字〔2010〕63号。

③ 《“千人计划”短期项目实施细则》,组厅字〔2010〕29号。

续表

项目概况	引进对象、条件和要求	引进待遇和保障
外专千人①（2011 年），由国家外国专家局负责	面向非华裔外国专家，目前重点引进长期项目专家，即至少连续来华工作 3 年，每年不少于 9 个月。人选应符合“千人计划”的引才标准。申报人选应在海外取得博士学位；在国外著名高校、科研院所担任相当于教授职务的专家学者；在国际知名企业和金融机构担任高级职务的专业技术人才和经营管理人才；拥有自主知识产权或掌握核心技术，具有海外自主创业经验，熟悉相关产业领域和国际规则的创业人才。考虑到外国专家的实际，申报人选的年龄可放宽到 65 岁。	1. 在出入境、居留、医疗、保险、住房、税收、薪酬等方面享受“千人计划”特定政策和待遇；2. 中央财政给予“外专千人计划”长期项目专家每人人民币 100 万元一次性补助，并根据工作需要，经用人单位向从事科研工作、特别是从事基础研究的外国专家提供总计 300 万～500 万元科研经费补助；3. 国家外国专家局根据“外专千人计划”专家在华工作年限给予适当补助，专项用于提高其医疗、养老保障水平；4. 给予“外专千人计划”长期项目专家“国家特聘专家”称号。
顶尖人才与创新团队项目②（2011 年），由科技部负责	1. 申报项目及要求申报人是自然科学研究或工程技术领域的国际顶尖专家；2. 引进后全职在国内工作至少 5 年；3. 具备以下条件之一：诺贝尔奖、图灵奖、菲尔茨奖等国际大奖的获得者；美国、英国、加拿大、澳大利亚等发达国家科学院院士或工程院院士；4. 在世界一流大学、科研机构任职的国际著名学者；5. 国家急需紧缺的其他顶尖人才。	需全职回国（来华）工作，签订至少为期 5 年的工作协议，也可签订终身协议；采取一事一议、特事特办的方式，为引进人才建立科研平台，提供稳定支持经费，协调解决确保其发挥作用的其他条件；引进人才的团队成员经评审后，可优先进入“千人计划”“长江学者奖励计划”“百人计划”以及相关省区市的人才引进计划，获得相应支持；生活待遇可在现有“千人计划”相关标准上，作适当提高。

2008 年年底，中央相继出台了《关于为海外高层次引进人才提供相应工作条件的若干规定》（组通字〔2008〕56 号），《关于海外高层次引进人才享受特定生活待遇的若干规定》（组通字〔2008〕58 号），主要明确了：①为海外人才提供与原有国内人才平等的事业发展平台；②给予科研经费和创新创业方面的经费支

① 《“千人计划”高层次外国专家项目工作细则》，组通〔2011〕45 号。

② 《创新人才推进计划实施方案》，国科发政〔2011〕538 号。

持;③提供各种生活上的便利措施;④允许在服务期之外的自由有序流动。2012 年 9 月发布《外国人在中国永久居留享有相关待遇的办法》,明确了持有中国“绿卡”的外籍人员可享有的特定权利和义务,开始降低海外人才落户中国的门槛。2013 年修订的《出入境管理法》专设“人才签证”类别,从法律上为海外人才效力中国再开绿色通道。①

(二)政策背景分析

从上述内容可见,目前国家已经搭建了海外高层次人才政策的基本框架,也推出了针对不同年龄层次和水平层次的引进计划,引进工作成效明显,带动并激励了地方政府的海外人才引进投入。目前,除西藏外,绝大部分省区市都已经推出了地方“千人计划”,如江苏的“双创计划”(2007 年,面向海内外)、浙江的“千人计划”(2010 年,面向海外)、上海“千人计划”(2010 年,面向海外)、广东的“珠江人才计划”(2009 年,面向海内外)和“引进创新科研团队专项计划”(2009 年,面向海内外)、湖北省的“百人计划”(2009 年,面向海内外)等。其中,广东省的“创新团队专项计划”是海外高层次人才团队引进的典型,也取得了比较明显的成效。

各省高层次人才计划的支持力度不同,支持方式各异,但都表达出以高层次人才引进推动关键领域、重点产业或学科方向快速发展的渴望。不少地方结合本地区经济社会发展和产业结构调整的需要,有针对性地引进了一批海外高层次人才。从总体上来看,发达地区特别是东部沿海地区和中心城市,依托经济技术开发区、高新技术产业开发区、留学人员创业园、大学科技园等大量创新创业载体,在项目设置、居留服务、创业保障、创新环境等方面打造出了明显优势,吸引大批海外高层次人才回国(来华)创新创业。区域间在引才力度和效果上存在较大差异。

总结来看,以“千人计划”为代表的海外高层次人才引进计划集中在 2008 年前后出现,有以下两个明显的宏观背景:一是全球范围内至今尚未完全走出的、以美国“次贷”危机为导火索的金融危机,国内经济下行压力增大,外贸、投资、内需等国民经济发展的“三驾马车”骤然紧张,进而凸显出创新驱动发展和

① 罗旭.中国吸引海外人才政策详解[J].光明日报,2014-06-07,第 11 版.

产业转型升级的迫切诉求，“千人计划”及随后出台的产业振兴计划都是立足于这一宏观背景；二是以经济疲软背景为前提，全球劳动力市场，尤其是高端劳动力市场供应充足，尤其发达国家劳动力需求增长放缓，成为中国海外人才“抄底”的良机①，这一点得到了许多专家学者的认同。所以，政策出台的背景，一是需求，二是供给，两相结合，就带来了海外人才计划百花齐放的景象。并且，至少到目前为止，海外人才政策环境的“基本面”没有发生根本性变化，特别是中国经济总量快速增长和科技创新形势逐渐好转，所以在未来较长一段时期内，海外人才引进的政策框架也应该会持续下去。

从更宽广的经济社会发展视野来看，海外高层次人才政策密集出台，源于我国科技创新形势面临的严峻形势和重大机遇。从实践看，高层次创新人才缺乏已经成为制约我国高校一流学科建设、前沿科学问题解决、重大工程技术产生的主要瓶颈。据《国家创新蓝皮书：中国创新发展报告(2014)》指出：创新成果支撑不力、企业创新能力不足、高端创新人才缺乏是制约中国创新的三大困境。② 另据《国际人才蓝皮书：海外华侨华人专业人士报告(2014)》初步估算，目前散落在海外的5000万华侨华人中，专业人士约有400万集中在美欧发达国家及日本、新加坡等国；与传统意义上的海外华人群体不同，这个群体行业分布以高新技术、教育、金融等领域为主，是我国引进海外高层次人才的重要资源库。③

第三节　我国海外引才工作的基本成效

“十一五”以来，特别是2008年中央“千人计划”实施以来，国内各地区掀起了海外引才高潮，国家、省(区、市)、市、区/县积极制定引才政策，吸引海外人才归国创新创业，成效卓著。

---

① 也有不少学者认为“人才抄底”是个伪命题，本书不作深入评论.

② 陈劲主编. 国家创新蓝皮书：中国创新发展报告(2014)[R]. 社会科学文献出版社，2014年版.

③ 王辉耀，苗绿主编. 国际人才蓝皮书：海外华侨华人专业人士报告(2014)[R]. 北京：社会科学文献出版社，2014年版.

(一)引才效果初显,引进数量显著增加

随着国内外经济发展状况的对比演变,以及国内强有力的人才政策吸引,近年来海外留学归国人员呈现明显的加速增长趋势。教育部公布的统计数据表明,在2009—2013年的五年间,我国出国和回国留学人数均逐步增加,虽然每年出国留学人数仍然多于留学回国人数,但总回国增长率已经大幅度超过总出国增长率,海外留学人才回流的趋势已经愈发明显地展示出来,具体数据见表1-2和图1-1。

表1-2 2009—2013年间出国和回国留学人数

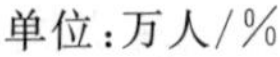
单位:万人/%

年份	出国	回国	总出国(1978—)	总回国(1978—)	出国增长率	回国增长率	总出国增长率	总回国增长率
2009	22.9	8.65	162	49.74	27.36	55.84	16.42	27.54
2010	28.47	13.48	190.54	63.22	24.32	24.81	17.61	27.10
2011	33.97	18.62	224.51	81.84	19.32	38.13	17.83	29.45
2012	39.96	27.29	264.47	109.13	17.63	46.56	17.80	33.35
2013	41.39	35.35	305.86	144.48	3.58	29.53	15.65	32.39

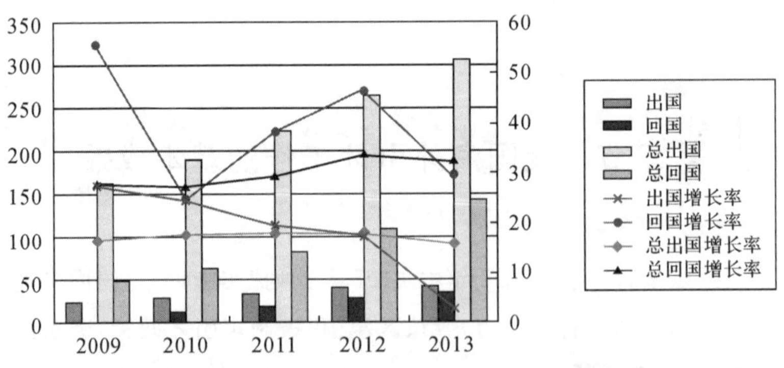

图1-1 2009—2013年间出国和回国留学人数趋势变化

据统计①,截至2014年底,我国留学回国人员总数达180.96万人,其中

① 人民日报. 完善引才政策体系 180万海归将享普惠政策[EB/OL]. http://news.xinhuanet.com/edu/2015-03/18/c_127591674.htm,2015-03-18.

2014年回国36.48万人。2014年各地人才引进计划共引进高层次留学人才7257人,2009年以来引进总数达3.7万人。全国共有留学人员创业园305个,入园企业2.2万家,2014年技工贸总收入超过3400亿元,6.3万名留学人才在园创业。

在海外高层次人才引进效果上,据统计,自2008年"千人计划"实施以来,共引进4180余名海外高层次人才,带动全国各地各部门引进海外高层次人才超过3万人,远远超过计划设立之时所确定的5～10年内引进2000名左右"能够突破关键技术、发展高新产业、带动新兴学科的战略科学家和科技创新创业领军人才"的目标。"青年千人计划"设立的前三年已全职引进1116名35岁左右的优秀青年人才,被学界誉为"中国未来的院士群体"。单单江苏省到2014年为止已经引进国家"千人计划"人才385名,江苏省"双创计划"高层次人才1793名。①

此外,"千人计划"引进专家回国(来华)后也取得了丰硕的成果。五年间共发表重要文章和专著4416篇(部),其中国际顶级期刊《自然》和《科学》论文50余篇;承担国家和地方重大科研项目2886项,经费总额152.9亿元。② 尤其值得注意的是,以"千人计划"为代表的海外高层次人才计划,瞄准国家和地方经济发展的关键领域和重要行业,在带动战略性新兴产业发展方面起到了关键作用。节能环保、新一代信息技术、生物医药、高端装备制造、新能源、新材料等"十二五"时期战略新兴产业中集聚了大量的海外人才,有力地提升了我国企业科技自主创新实力。王颖和陈莹莹对900名"千人计划"入选者的统计表明,海归人才研究领域多集中于信息与电子工程领域,生物农学、数理领域,与所学专业较为符合。③

① 梁保华. 大道先行[J]. 南京:江苏人民出版社2014年版,第50页.

② 新华社. 中国"千人计划"实施逾五年 共引进人才4180人[J]. 南方都市报,2014-06-01,第AA10版.

③ 王颖,陈莹莹. 海外引进人才的基本特征研究——以国家"千人计划"入选者为例[J]. 甘肃广播电视大学学报,2014年第10期,第67—73页.

表 1-3 国家"千人计划"引进人才基本数据

批次	公示时间	引进人才数	说明
第十一批	已于 2014 年 11 月底召开评审会，2015 年 2 月 11 日公示创业人才名单 65 人。其他还没见公开资料		千人计划的评审由一年两次改为一年一次；同时，设立退出制度，入选专家不再是终身制
第十批	2013 年 10 月	861 人	含创业人才 98 人，青年千人 396 人
第九批	2013 年 3 月	526 人	累计引入 3301 人
第八批	2012 年秋	913 人	累计引入 2775 人
第七批	2012 年春	370 人	累计引入 1862 人
第六批	2011 年 9 月	349 人	首次启动了创新人才短期项目和"青年千人"项目
第五批	2011 年春	318 人	累计引入 1143 人
第四批	2010 年秋	163 人	见后附说明
第三批	2010 年春	336 人	累计引入 662 人
第二批	2009 年秋	204 人	累计引入 326 人
第一批	2009 年春	122 人	累计引入 122 人

数据来源：根据公开资料整理。说明①："千人计划"第四批共引进境外高层次创新创业人才 163 人，其中创新人才 111 人，创业人才 52 人；来自美国 106 人，英国 12 人，加拿大 11 人，香港、台湾地区 10 人，日本 9 人，澳大利亚、瑞典、新加坡各 3 人，其他国家和地区 6 人；有 104 人为外国国籍，包括 3 名非华裔的外国人。创新人才引进后到高等学校工作的 76 人，到科研机构工作的 12 人，到企业工作的 23 人。

表 1-4 国家"青年千人计划"引进人才基本数据

批次	公示时间	引进人才数	说明
第六批	2015 年年初	667 人	本批次有 2241 人递交申请
第五批	2013 年 11 月	398 人	本批次有 1400 余人递交申请
第四批	2013 年 3 月	183 人	略
第三批	2012 年 8 月	177 人	略
第二批	2012 年 2 月	218 人	略
第一批	2011 年 10 月	143 人	国内高校、科研院所、中央企业等用人单位共申报了 1035 名人选

数据来源：根据公开资料整理。

① 资料来源：千人计划网，http://www.1000plan.orgqrjharticle/1870.

（二）工作格局形成，政策体系逐步完善

海外高层次人才引进工作作为人才工作的重要组成部分，得到了各级党委政府的高度重视，目前已经初步形成“中央引导、部委带动、地方行动”的引才工作格局。中央层面，中组部从2008年开始实施千人计划，旨在引进战略型科学家和领军人才，客观上引导了全国海外高层次人才引进工作；部委层面，人社部、教育部、中科院、自然科学基金委、中国科协、国家海洋局实施了各类引才引智计划；地方层面，大陆省区市除西藏外，其他省级行政单位基本上都制定了引进海外高层次人才的政策。

政府主导是当前海外高层次引才活动的显著特点，政府引才政策①已成为海外人才回国的主要考虑因素和关键推动因素。随着海外引才力度的加大，引才政策体系也逐步完善。仅就国家层面而言，2000年原人事部印发《关于鼓励海外高层次留学人才回国工作的意见》首次提出了海外高层次留学人才的范围，并提出了引才的专业领域，基本涵盖了此后各类引才政策优惠条件的范围；2001年，原人事部、教育部、科技部、公安部、财政部又联合印发了《关于鼓励海外留学人员以多种形式为国服务的若干意见》，扩宽了海外留学人才回国服务的形式，包括技术合作、科研项目合作、担任名誉职务等；2011年，中组部、人社部印发了《关于支持留学人员回国创业的意见》，详细列述了为海外人才回国创业提供了贷款、引导基金、税收优惠等政策以及住房、子女入学、社会保障等生活保障政策；继而人社部印发《关于加强留学人员回国服务体系建设的意见》，从完善留学人员回国服务政策、推进网络服务建设、信息平台建设、运行机制建设等四个方面提出了加强留学人员回国服务体系。

从这些政策的演变可以看出，海外引才的政策在不断地完善，引才对象、引才手段、引才服务都在进一步明确和细化。地方引才政策则更为特色化和多样化，江苏、上海、北京、广东、浙江、湖北等凭借自身的经济优势和科技竞争优势，制定了一系列的引才政策体系，走在了全国前列。

① 在中国语境下，我们将“政策”理解为广义的政策，因此将政府主导的各类引才计划也理解为政策的一类.

政策视窗:海外高层次人才引进门槛再降①

2015年年初,中组部、人社部、国家外专局印发《关于为外籍高层次人才来华提供签证及居留便利备案工作有关问题的通知》(以下简称《通知》),将"回国(来华)定居工作专家项目""北京市海外人才聚集工程"等55项省部级以上开展的海外高层次人才引进计划,纳入第一批全国重点海外高层次人才引进计划备案。《通知》涉及的55项省部级人才计划备案包括:7家部委开展的17项人才计划、21个省区市的25项人才计划、12个省会城市和计划单列市的12项人才计划和1家中央企业的1项人才计划。我国海外高层次人才引进支持范围进一步扩大。

"近年来海外人才引进工作取得了很大的进展:一个是确定了人才签证的法律地位;另一个就是《通知》下发以后,降低了我国人才引进计划的门槛和扩大了人才签证的适用范围,明确了人才签证工作的责任主体和职责分工。"中国人事科学研究院原院长、国家行政学院教授吴江说。早在2012年,中组部、人社部、外交部、公安部等部门就曾积极推动在《中华人民共和国出入境管理法》及配套法规中专设人才签证类别。人才签证进入国家法律,为海外人才再开绿色通道。"法律中专设人才签证类别,充分说明了我国的人才政策更加开放,吸引人才的导向更加明确。"吴江说,"这有利于与创新驱动接轨,形成有中国特色比较优势的人才引进政策法规体系。"

《通知》明确说明被纳入备案的55项各地人才计划项目,均可比照国家"千人计划"为引进的外籍高层次人才和家属办理人才签证、人才居留和来华定居等手续,有效解决了全国各地省部级以上海外高层次人才引进计划政策不一、办理人才签证居留难的现实问题。"过去我国对出入境管理非常严,条件要求高,引进人才较少,但'千人计划'是一个便利渠道,以往只限'千人计划'可以享受的服务和待遇,55项备案项目同样可以享受。"人社部专技司负责人解释,《通知》的印发,将有利于形成多层次、多渠道、相互衔接的引才格局。关于下一步的海外高层次人才引进工作规划,中央人才工作协调小组办公室负责人表示,有关部门正在制定的外国人永久居留管理条例中将会更加突出人才引进导向,

① 时圣宇. 海外高层次人才引进门槛再降[J]. 人民日报,2015-01-25,第01版.

专设针对海外高层次人才引进的便利政策，有关法律有望年内实施。

（三）引才模式多样，人才载体不断创新

通过多年的引才实践，国内已经形成了多样化的引才模式。按是否完全回国可以分为全职型引进模式和海鸥型引进模式；按获取资金的渠道差异，可以分为“智力资本＋产业资本”、“智力资本＋风险资本”等引进模式；创业人才按是否创办企业又可以分为“创业式”人才和“嫁接式”人才。此外，还可以分为领军型人才引进模式（如江苏张家港市的高层次人才计划本身就称为“领军人才计划”）和团队型引进模式（如广东省创新科研团队引进计划）等。

引才载体是海外高层次人才引进的“基础设施建设”，近年来在全国各地如火如荼，创新频频。这些载体主要是“海外高层次人才创新创业基地”、海创园、留创园、高新技术产业园、地方研究院、“华侨创业园区”以及在高校的各种“人才特区”、跨学科研究平台等。如目前全国建立各类各层次留学人员创业园区已有150多家，入园企业超过8000家。合作型引才载体初步尝试，例如浙江大学和杭州市滨江区联合挂牌“海外高层次人才创新创业基地”，综合双方优势联合引才；东南大学和地方政府联合实施的《东南大学、南京市人事局、建邺区政府海内外创新创业领军人才联合引进计划》。参照“经济特区”的经验建设“人才特区”载体的理念近来得到许多地方和高校的青睐，即以某一区域、某一学科、某一产业为范围，制定针对海外人才的优惠政策。2011年3月，中央人才工作协调小组联合十几家中央部委和北京市政府率先在北京中关村探索“人才特区”建设，试图在政策体系和体制机制方面探索突破和创新，为全国开展人才特区建设试点铺路。引才载体事实上是海外高层次人才引进的试验田，政府可以利用政策优势、物理空间、产业集群等条件来进行政策试点，以探索海外引才经验。

目前，国家在部分企业、高校、科研机构、高新园区建立112家海外高层次人才创新创业基地，在北京昌平、天津滨海、浙江杭州、湖北武汉建设“未来科技城”（创新创业基地和研发机构集群，中组部、国务院国资委实施），加大人才投入、使用、激励、服务等方面的政策创新力度，为引进人才打造事业平台。以被称为“崛起中的太湖硅谷”——无锡高新区创新创业园区为例，其在引进海外高层次人才创新创业中的表现具有典型性。引进人才创办的尚德太阳能、美新半

导体等在当年具有全国影响力，并成为中组部、中宣部、国家科技部树立的全国重大典型；以园区为载体施行的“530”计划，探索了引进海外高层次人才“创业之初当保姆、创业之中当助教、创业之后当保安”、“支持科学家成为企业家”的理念和做法。园区内建有国家留学人员创业园、国家创业服务中心、国家大学科技园等近20个国家级孵化器和功能性专业园区，与日本东京大学、北京大学、清华大学、南京大学等高校建有10余个政产学研合作基地，建有微纳技术、IC设计、软件等公共技术平台。①

实践视野：天津未来科技城②

天津未来科技城是中组部、国务院国资委确定的全国率先启动建设的四个未来科技城之一，坐落于天津滨海高新技术产业开发区，是天津面向未来十年发展而打造的吸引和集聚海内外高层次科技人才创新创业的战略高地、全球科技创新中心和高技术产业基地。

海河教育园区与天津未来科技城隔河相对，拥有南开大学、天津大学的海河教育园区将集中培养大批高素质创新人才和技能人才，为构筑高端化高质化高新化产业结构、加快滨海新区开发开放、更好服务天津未来科技城的快速崛起，提供强大的科技支撑和人力资源保障。园区内高新技术企业汇集、高层次创新创业人才集聚，科技发展综合配套设施完备，高层次人才工作生活环境优越，创新创业文化氛围浓郁，是海外高层次人才创新创业的天堂之选。

未来科技城侧重吸引以“千人计划”为核心的海外高层次的行业领军人才和一批创新团队，建立与国际接轨的人才管理、人才创业机制，加快人才发展载体建设，支持一批博士后科研流动站和工作站、企业研发中心建设，为高层次人才发展提供平台。目前已经吸引了国家新药安全评价中心、国家超级计算天津中心、中国科学院天津工业生物技术研究所等一大批重量级研发机构。天津未来科技城将瞄准国际前沿领域，以战略性新兴产业研发为导向，立足天津市科技资源和产业基础，以新能源及新能源汽车、新一代信息技术、航空航天、生物

① 资料来源：无锡高新区官网《无锡高新区：崛起中的太湖硅谷》，http://530.wnd.gov.cn/about.aspx? id=20090829124422234300&value=100.

② 资料来源：天津滨海高新技术产业开发区官方网站，http://www.thip.gov.cn/，天津未来科技城官方网站，http://www.thip.gov.cnztzlwlkjc/index.html.

技术和高端装备制造为重点，汇聚国际顶尖创新资源，形成一批高水平的原始创新成果并迅速实现产业化。

天津未来科技城本着促进人才资源集聚、促进研发机构集聚、促进科技成果转化的原则，制定如下优惠政策：①对于 2012 年 7 月之前入驻未来科技城并且开工建设的央企研究项目，按土地面积给予基建投资补贴支持。对于高水平产业化项目，优先保障公给土地；②对于落户的高端研发机构，优先优惠提供人才公寓、安居房、商品房等生活配套用房；对人员数量多、住房需求量大的央企研发机构，优先供地，定向使用；③研发机构在未来科技城研发聚集区购房的，每平方米给予 2000 元的补助；租用房屋的，免收三年租金；自建办公用房的，给予贷款贴息支持；④对于入驻未来科技城的高端研发机构，前三年按研发机构实际购买设备金额的 20%、实际发生研发费用的 30%予以最高 800 万元的补助；⑤对年纳税总额超过 1000 万元的高端研发机构，企业所得税、营业税地方留成部分前两年给予 100%的奖励，之后三年给予 50%的奖励；⑥在未来科技城投资建设和运营的国家重点实验室、工程实验室、工程(技术)研究中心、企业技术中心，给予 300 万～500 万元的一次性资金支持；⑦对国家级重大科技成果产业化项目，每个项目按照国拨资金额的 100%比例给予最高 1000 万元的资金匹配；⑧中央企业在未来科技城建立高端研发机构的，在增加事业单位机构和人员编制上给予支持；⑨对于高端研发机构的高端人才，按其缴纳个人所得税地方留成部分给予连续三年 100%的奖励，科技成果转化个人所得税地方留成部分给予 100%的奖励。

第二章　国际高层次人才战略的发展趋势

在科技创新驱动经济发展的大背景下，各国都加大了对海外人才尤其是高层次人才的争夺。在西方发达国家，自2008年金融危机以来，伴随着经济发展动力不足，次级劳动力市场[①]失业现象逐渐突出，而主要劳动力市场供给不足。因而，要通过大力吸纳高素质人才，如带项目、带资金、带技术的科技创新人才，来激活劳动力市场，并进而实现创新驱动发展。美国、日本、英国、法国、德国等发达国家和印度、巴西等发展中国家，以及新加坡、墨西哥、台湾等国家和地区，都把大量吸收全球知识资本和科技人才作为国家科技战略、人才战略和创新战略的重要支点。在一些发达国家，如西欧部分国家和俄罗斯，由于人口总量供给不足，吸纳高层次科技创新人才的诉求更为强烈。纵览海外主要国家海外人才政策，技术移民政策、长期居留权、留学生制度、绿卡制度等较为普遍，从本质上来看，这类政策更加凸显了其海外人才政策的"长效机制"，因为这些政策能够给海外人才以稳定的预期。

① 次级劳动力市场概念来自二元制劳动力市场分割理论。该理论认为，劳动力市场存在主要劳动力市场与次级劳动力市场的分割，前者市场中的劳动者收入高，工作稳定，工作条件好，培训机会多，有良好的晋升机制；而次级劳动力市场则与之相反，劳动者收入低、工作不稳定、工作条件差、培训机会少，缺乏晋升机制。

第一节　国际高层次人才引进竞争概况

“当今世界，各国之间激烈的经济竞争、综合国力的竞争，在很大程度上表现为科学技术的竞争，而归根到底又是人才尤其是高端人才的竞争”，这似乎无须解释。知识经济时代的到来使得经济社会发展对人才特别是高端人才的需求不断增加，能否在全球人才大战中争得先机，将成为是否能够在新一轮经济和产业革命中获得竞争优势的决定因素；而随着经济全球化日益深入，高端人才的国际流动日趋频繁，世界各国都在争抢有限的全球人才存量资源。

总体来讲，国际上高层次人才的引进具有竞争态势白热化、竞争手段多样化两个基本特征，而竞争手段多样化是竞争态势白热化的重要表现。竞争手段多样化主要是引进方法和手段的创新，以及在“不求拥有，但求有用”诉求下以智力引进为代表的柔性引才模式的确立。竞争手段多样化表明，海外高层次人才政策在人才使用中的工具功能十分强大。竞争手段的多样化使得国际高层次人才在国家间流动的规模更庞大、渠道更多元、方式更加丰富，形成了错综复杂的网络关系。

多年来，发达国家一直是国际高端人才争夺的受益者，特别是美国，通过适当的移民和签证制度，一直是吸引着大量的外国留学生和海外移民。2009年一份统计数据表明，美国三分之二的物理学和工程学博士学位是由外国学生获得的，而为留住这些人才，白宫正在极力说服国会改变移民法，进一步放宽对潜在科技力量的移民限制。对广大发展中国家或地区而言，通过提供各类优厚待遇和创业创新机会，吸引本国裔的海外人才回国，也成为提高高端人才竞争力的重要手段。面对国际上激烈的高端人才争夺，考虑到经济产业转型的迫切需求，能否吸引到众多的高科技人才，将关系着中国在未来几十年的经济社会发展状况。中国具有最为庞大的潜在海外智力资源储备，通过制定正确的引才政策，最有可能吸引到全世界范围内的一定数量的海外华裔和非华裔高端人才回国（来华）工作。

利用跨国企业争夺海外高端人才是海外高层次人才引进竞争的重要表现。跨国企业本地化，通过兼并联合、重组收购等方式，跨国企业成为重要的海外智力吸附器，特别是全球行业领先企业在投资国借助于其强大的企业影响力，成为其母国利用海外高端智力资源的重要抓手。跨国企业在充分利用投资国高端人力资源，无形中与其投资国之间形成了纷繁复杂的竞争关系。美国通过本国跨国公司实施“人才本土化”战略招募分支机构所在国的大量优秀人才，设立海外研发机构网络研发人才，海外兼并企业招聘高级经营人才，进而集聚全球高级人才，为美国实施其科技战略意图提供有力的人才支撑。[①] 日本企业不仅把拥有丰富人才的新兴国家作为制造基地，更是将其作为加以灵活运用的“大脑”。日本 IT 行业已经雇用了中国和印度等国大量技术人员，这种雇用方式也迅速向制造业扩散，在我国大量网罗、培养企业发展所需的研发和经营管理人才以及技术工人。日本还鼓励企业在海外投资建立研究机构或进行资助等方式网罗人才，引进技术。如日本电气股份有限公司(NEC)在美国建立的实验室，每年投入高达 2000 万美元经费，以高薪和优厚待遇聘请美国专家为其开展高技术研究开发。[②] 日本还总结出一套适合本国国情的重金招揽人才的方法，这就是通过购买、吞并外国企业或公司，将被购买或吞并的企业或公司里的人才据为己有，还通过购买或资助的方式，占有或部分占有美国名牌大学的实验室，在那里获取美国高级人才的智力资源。[③]

海外人才网络库建设和信息化手段使用表明，海外高层次人才引进竞争已经从本国“杀”到目的国的家门口。通过建立人才库，一些国家的大学、企业、政府会把引进的目标锁定在若干急需人才身上；通过赴海外招聘宣传活动，提升本土人才政策的全球影响力，与海外人才社会团体建立固定的网络联系。如韩国政府出资在美、德、英、法、日和加拿大等国建立了韩国籍科技人才之间的广泛联系，在美国和欧洲组织了韩国科学家和工程师专业协会，逐步扩展到日本、加拿大、中国和俄罗斯。

20 世纪 60 年代起，印度政府就开始投资创建“科学人才库”吸引并接纳海归人才，该人才库覆盖了主要发达国家，用于接纳愿意回国工作的海外印度人，

① 郑永彪，高洁玉，许睢宁. 世界主要发达国家吸引海外人才的政策及启示[J]. 科学学研究，2013 年第 2 期，第 223－231 页.

② 阎光才，王瑞雪，沙炜娟. 日韩印吸引国外留学人员回国创业的经验和借鉴[Z]. 教育部科学技术委员会《专家建议》，2013 年第 12 期.

③ 张洪费. 发达国家人才战略的比较[J]. 科技潮，2009 年第 8 期，第 22－23 页.

尤其是能为国家重点项目解决难题的人才。人才库的建立，使印度政府可以有效掌握海外人才分布，根据国家发展需要，有针对性地吸引人才回流或为印度服务。为了方便印度裔人才回国工作，印度自 2005 年开始向海外印度裔发放"印度裔卡"和"海外公民证"，共 1100 万张，这一政策收效极好，极大地促进了海外印度裔人才的回流。20 世纪 90 年代，"非印度裔科技人员网界"(Interface for Non-Resident Indians Scientists and Technologists)项目启动，旨在通过政府机构、非政府组织等建立与海外人才的联接，实现海外人才与国内发展需求的对接。印度总理莫迪 2014 年访美期间，在纽约麦迪逊广场对约 2 万名印度裔美国人发表了激情洋溢的演说。莫迪呼吁他们一起携手为印度服务，宣布将要简化对他们的签证手续。印度亚洲新闻社报道称，印度政府已于 2014 年 10 月 7 日宣布现在印度裔所持有的"印度裔卡"将终身有效，此前这一证件的有效期为 15 年。同时，印度内政部决定，印度裔到访印度停留时间即便超过 180 天，也无须向当地警察局报告。分析认为，莫迪政府此举意在吸引海外印度人归国创业投资，为其经济发展服务。

在海外高层次人才政策模式框架中，高薪引才早已不在话下，各国政府和大学所建的重大科研装置、科技条件保障、社会基础设施竞相比拼，研发经费不断攀升，考虑到国外尤其是发达国家人头费在 R&D 投入中的较高比例，其实际上的引才相关投资之高不难想见。近年来，不单单是日本、韩国、新加坡等国家实施高薪引才措施，传统欧美发达国家也积极投入到这种争夺中，只不过其更多是借助于大学和企业的力量来引才。合作研究是近年来又一比较普遍的措施，通过合作研究可以达到不引进人才而实质上引进人才的目的，使得高端智力资源自然流入本国，同时还可以提升本国科技研发水平、提升创新的全球影响力，最大限度地获得科学家、工程技术人员的知识经验和富有创造性的成果。当然，这种模式更多是针对高层次科技创新人才为主，而非高层次创业人才。

猎头引才是国际间引才竞争的重要创新，在发达市场经济体中运用比较广泛，猎头产业可以提升到执行和落实国家海外高层次人才战略的高度。这种看上去像是拆东墙补西墙的猎头行当，客观上起到了"人尽其才"的作用。据统计，世界上 70%以上的高级人才通过猎头调整工作，90%以上的大企业利用猎头择取人才。世界上 90%的猎头公司都集中在美国，各大猎头公司张开了一张张大网，层层打捞全球的人才，也促成了高层次人才的流动。随着经济复苏，新加坡在科技、电信、化学和银行业缺乏大量人才，于是大量猎头公司开始敏锐地寻找市场所需要的高薪专业技术人员，来满足越来越多公司愿意重金聘请“千里马”的要求，并收取高额佣金。“联系新加坡”(Contact Singapore)是新加坡经济发展局与人力部共同成立的联盟，为服务有兴趣于新加坡就业与投资的新加坡侨民及海外人士成立的官方窗口，积极为在新加坡创业人才与工商界搭建交流平台，以支持主要产业发展。“联系新加坡”在全球各地都设有分支机构和联络办公室，在事实上发挥着猎头公司的作用。

日本的猎头公司大多是以人才派遣公司的名义存在的，而且数量非常巨大。其中既有面向全国的机构，也有面向不同地区的机构。这些人才派遣公司主要从事两种业务：一是面向个人提供就业单位的信息；二是面向企业，为其寻求、提供所需人才。前者类似于我国的职业介绍所的功能，后者更侧重于为公司企业“挖掘”人才的猎头公司。近年来，越来越多的日本人通过因特网与猎头公司联系以转换工作。目前日本的猎头公司大致分为日资机构和外资机构(总部多在欧美)两类，一方面在国内通过猎头公司进行发掘人才，同时在海外发掘和吸引人才。

信息化手段是近年来讨论较多的一个海外引才途径或手段，主要是建立人才信息平台，宣传海外人才政策，提供创新创业信息等。信息化水平的提升，可以有效改善海外引才中的信息孤岛现象，保障资源共享，提升海外引才行政资源配置效率。如韩国政府建立海外人员数据库与人才信息库，实现海外人才与国内需求的对接。20 世纪 70 年代初，韩国教育部在美国和欧洲组织了韩国科学家和工程师专业协会，80 年代扩展到日本、加拿大、中国和俄罗斯。这些协会在韩国国内与海外人才之间架起了信息沟通渠道，实现国内需求与海外人才的对接，增进海外人才对韩国的了解。20 世纪 90 年代，韩国政府建立海外人员数据库(Brain Pool)，旨在帮助大学和研究机构(公立和私立)雇用海外人才在韩国从事 1～3 年的研发工作，原则上要求他们处于事业发展的中期，具有 5 年以上的研究或教学经验。

第二节 世界各国海外人才政策趋向①

相比中国在进入21世纪以来短时间内密集出台人才计划，国外尤其是发达国家的高层次人才政策相对稳定，且主要表现在为海外人才提供居留资格和生活保障上，而真正为海外人才提供全方位的创新创业支持的国家或政策反而不多。在发达国家，这种情况的出现更多是源于其较为完善的市场经济环境；在欠发达国家，这种情况可能更多是无力为之或尚未进入政策视野的表现。需要注意的是，由于发达国家和地区没有类似中国这样密集出台海外人才政策，相关政策中对创业创新或者在人才使用主体上的区分并不明显。所以，下面的论述更多是从综合性的角度来看，但在引进强度和力度上，中外具有相似性。

无论是发达国家还是发展中国家，进入21世纪以来都明显加强了对高层次人才的争夺，但高层次人才从发展中国家向发达国家流动的总趋势没有得到根本改观，发展中国家在高层次人才争夺战中依然处于绝对劣势。如，中国科协2008年报告指出，自1985年以来，清华高科技专业毕业生80%去了美国，北大这一比例为76%。美国《科学》杂志把清华、北大称作“肥沃的美国博士培养基地”。② 只是近年来，在发达国家经济相对疲软的情况下，发展中国家海外人才回流甚至是本国之外人才流入的情况逐渐多了起来，尤其是以金砖五国为代表的新兴市场经济体，吸纳海外人才的强度明显加大。以下我们简单总结梳理全球其他国家海外人才尤其是高层次人才引进政策。

(一)精英移民政策连根挖才

经济全球化背景下，国际人口迁移数量日益扩大，精英移民剧增是重要现象。发达国家优势相对明显，主要源于其完善的市场经济环境，以及与之相关的优越的创新创业氛围。北美、欧洲以及日本、韩国等国家纷纷改革移民法、国籍法以及推出各种工作签证制度，企图以这种“连根挖取”或“釜底抽薪”式的人

---

① 本节内容根据相关中文材料进行整理，简明起见，不涉及核心观点类内容不再一一说明。

② 曾航.美国反思后911人才战略：限制技术移民吞苦果[N].21世纪经济报道，2009-08-26，第20(IT)版.

才政策变“外国人才”为“为本国效劳的公民”，实现海外高层次人才战略引进。海外高层次人才政策层面的鼓励移民，是政策施行国攫取海外人才比较彻底的手段，通过使之落地生根来达到长期性引入，有长远的战略性意义。

美国历史的一个显著特征，就是依靠大量移民来实现国家建立、发展和融合，并逐渐形成了文化上的开放型和多元化特点，我国的深圳市与之相似。吸附大量创业移民，不但有助于其形成开放多元的文化氛围，而且为经济社会发展直接带来了高端智力支撑，同时为精英移民政策的实施奠定了坚实的社会基础。“9·11事件”之后，美国收紧了移民相关政策，吸纳海外高层次人才受到不小影响。但是近年来随着这一事件不良影响的逐渐消散，美国又重新放宽了移民、留学和国籍政策，以避免被其他国家占据引进全球高端人才的先机。尤其是吸引和保留自然科学和工程类技术人才，始终是美国海外高层次人才的主要对象。

精英移民在欧洲国家的海外高层次人才引进工作中也开展得比较成熟。虽然欧洲国家是老牌发达国家，但人口负增长现象的日益严重和创新能力相对不足凸显使得其越来越意识到吸纳海外高层次人才的重要。因此保守的英国、严谨的德国、浪漫的法国纷纷改变自己的移民政策、国籍政策，力图吸引全世界优秀人才。2000年德国修改国籍法，凡在德国连续居住8年以上，并在德国获得永久居留权三年的人，其子女出生后自动享有德国国籍，成年之后可以再选择国籍或者双重国籍。

2006年，法国开始实施《优秀人才居留证》，旨在接纳科技、经济、体育、文化等各领域的高层次人才，证件持有者可以享有工作权利、自由出入法国并享有法国公民同等待遇。其中“优秀人才居留证”适用于所有非欧盟国的公民，主要面向高水平的学生和研究人员、企业家、艺术家及运动员。2007年法国通过《新移民法》，使得出类拔萃的高层次人才能够享受法国国民待遇，同时法国规定居住5年就可以加入法国国籍，并可以保留双重国籍，为赴法留学的外籍学生提供更多便利条件。

2002年英国开始试行“高技术移民项目”(HSMP)，允许有特殊技术和工作经验的外国人到英国工作。该项目试行计分制，从学历、工作经验、现有工资等方面记分。达到一定分值可以在英国申请居住、找工作、自雇或者从事商业活动。2007年，英国教育部签发“国际毕业生计划”(IGS)，从2007年5月开始，在英国获得本科或者以上学历的任何专业的国际留学生，没有任何专业限制，都可以在毕业后留在英国一年找工作，一年之后可以继续居留。2008年，英国正式实施"记点积分制"，其中一类为"高技能人士"能够直接获得英国长期签证，进而移民英国。

全球人才流失最为严重的亚洲，新兴发达国家和发展中国家如日本、新加坡和韩国也开始通过优惠移民政策不断引进高层次人才。2010年，日本采用"高级人才优惠制度"，并引用积分制度，着力引进外国高层次人才，其实行永久签证，持证者除了选举权和被选举权外享有与日本公民完全同等的义务和权利。2014年6月，日本通过了《出入境管理及难民认定法》修正案，将外国高级人才获得永久居留权所需要的居留时间，从5年降低到3年。中国留日同学总会会长汪先恩表示，日本实施了吸引高级人才的新法规，不仅缩短了具备高学历、拥有高技术的外国人获得永久居留权所需时间，还允许高级人才的配偶在日本就业，父母和家政人员随行。由于日本工作环境和社会福利比较好，如就医、子女上学、户口迁移等都很方便，降低绿卡门槛后，增加了对人才的吸引力。①

以色列推行高层次人才多国籍政策，其国内顶尖人才通常拥有2～3个国籍，这使以色列可以充分利用其他国家优秀的犹太裔人才资源，成为世界上少有的能将"人才流失"困境扭转为"人才流通"有利形势的国家之一。当然，这与国家文化开放、国际化程度高、海外人才素质较好、科技水平先进有密切关系。

韩国是发展中国家引才的杰出代表，2000年开始实行"金卡"制度，希望可以吸引到20万高科技人才。此外，为防止本国人才外流和吸引外国高层次人才，韩国实施有条件的双重国籍政策；2001年起，韩国政府允许海外高级人才、结婚移民者、65岁以上高龄海外同胞持有双重国籍。而在2014年，韩国政府表示，在韩的外国人比重目前约为2.5%，预计在2020年会倍增至5%左右。为了有效地集中管理外国人、争取海外优秀人才，借此增强国家的发展动力，并解除文化冲突等副作用，需要设置一个专门掌管移民和多文化政策的移民厅。根据这一需求，政府将研究发达国家的相关事例，考虑采用其中可适用于韩国的政策。韩国财政部表示，考虑生产人口减少和移民增加的社会成本，将推算各

---

① 王辉耀. 人才竞争，大国各显神通[N]. 人民日报，2015-01-22，第23版.

产业和领域的人力需求，针对未来的增长动力和具有发展潜力的产业，树立吸引海外优秀人才的方案。

在制定移民政策时，新加坡也同样是为了应对因人口出生率下降所带来的压力以及加强国家经济的竞争力。与传统大国不同，新加坡是个小国，缺乏充足的天然资源和国内市场，对外来人才的需求和依赖性远远强于英、法等大国，因此，移民政策成为整个国家发展政策中至关重要的部分。新加坡近年的"外来人才政策"(Foreign Talent Policy)，强调外来人才可以在三个不同层面为新加坡经济做出贡献。一为顶尖人才，如公司总裁、科学家、学者、艺术家；二为专业人士，如工程师、会计、资讯人员、教师、行政人员；三为技术工人。政府希望改变外国人口格局，吸引更多受过教育的移民，以填补私人银行业和金融等服务行业、生物科技和教育方面的职位。政府希望他们中许多人成为新加坡公民或永久居民。

表 2-1 新加坡技术类工作签证

许可类型	人员类型	居留期限
S签证	中等技能人力资源，基本月薪少于1800新加坡元	第一阶段2年，可更新3年以上
就业签证 P签证	P1签证：月基本薪酬在7000新加坡元以上，且具有专业、经营、管理、特殊岗位者	第一阶段2年，可更新2年
	P2签证：月收入在3500新加坡元以上，从事专业、经营、管理和特殊岗位，具有认可的大学文凭	
Q1签证	月薪必须超过2500新加坡元，且拥有新加坡认可的大学文凭	

资料来源：汪怿著.引进海外高科技人才比较研究——以新加坡和我国香港、台湾、上海为例[M].上海：上海社会科学院出版社，2012年版，第130页。

新加坡政府为了从世界各地广招人才，还建立了一整套相应的体制。例如，新加坡经济发展局和人力部共同成立"联系新加坡"(Contact Singapore)，旨在吸引国际人才到新加坡工作、投资和生活。它在亚洲(包括北京和上海)、欧洲和北美设立办事处，为有意到新加坡就职的全球精英(包括新加坡侨民)以及到新加坡投资的企业家提供一站式服务。"联系新加坡"提供有关新加坡就业机会及行业发展的最新信息，并积极建立平台为全球人才和新加坡雇主牵线搭桥。该机构也与私营企业合作，为有意到新加坡投资的人士提供服务。在积极引进人才的同时，政府还创造条件使之融入当地社会。2007 年，总理公署内设立了公民与人口办公室，负责整合新移民到新加坡社会中来并且做出贡献。2009 年 4 月，李光耀专程出席了以新移民为主要对象的活动，强调新加坡人主动接纳新移民并协助他们融入当地社会是非常重要的。

（二）鼓励国际人才中短期流动

经济全球化深入发展，世界各国尤其是发达国家不断地在经济、文化等社会各个层面上对外开放，发展中国家也逐渐被卷入这场全球化运动中来。北美自由贸易区（North American Free Trade Area，NAFTA）、欧洲联盟（European Union，EU）、亚洲经济合作发展组织（Asia-Pacific Economic Cooperation，APEC）等国际组织的建立使得各国联系更加紧密，资源在全世界范围内的自由流动也更加便利，国际间人才的中短期流动也成为了经济全球化的一个突出特点，这也是“人才环流”概念的主要背景。为了促进本国某些学术或科技、经济领域的发展，除移民政策之外，很多国家通常通过设立高额奖学金或者提供高额的科研基金或者建立科研合作组织来支持人才到地区研究机构进行长期或者中短期的研究，以此来带动该领域或产业的发展。以作者所在的大学圈子为例，不少年轻学者在高标准的薪资待遇和优越的科研环境条件吸引下远赴海外做博士后研究，如新加坡，以及 2009 年沙特成立的阿卜杜拉国王科技大学（KAUST），就是典型代表。

2009 年德国联邦教育研究部向 8 位从海外引进的杰出科学家颁布了“亚历山大·洪堡教席”奖学金，奖金高达 500 万欧元，用来资助引进人才为期 5 年的科学研究，主要用于科研梯队建设、实验室设备更新，同时也为引进的高层次人才提供一份具有竞争力的薪水。保罗奖和国际研究基金奖设立于 2001 年，以德国粒子物理学家、诺贝尔奖获得者沃尔夫冈·保罗的名字命名，是德国联邦教育与研究部设立的“德国政府未来投资项目基金”的一部分，由洪堡基金会和德国的学术交流中心（DAAD）管理。联邦教研部希望借此向世界表明德国吸引全球人才的决心和努力，表明德国是优秀的科研基地，努力“吸引全世界最好的头脑”。保罗奖是德国直接支持研究人员的最高奖金，最高可获数额达 230 万欧元，超过诺贝尔奖一倍多。该奖资助各个领域内世界上最著名的学者到德国最好的研究机构在一流的研究条件下进行为期 3 年的自由研究，相应的研究机构为引进来的学者提供相应的学术环境和其他辅助条件。

日本则通过“外国人特别研究员制度”吸引海外高层次人才，吸引获得博士学位 5 年内、35 岁以下的年轻学者来日本从事 1～2 年的博士后研究工作。除此之外，日本还设立了以促进国家交流为目的的“外籍特别研究（短期 14～60 天）”制度和以促进交流加强合作研究为目的的“外籍聘用研究员（长期 2～20 个月）”制度。为了促进日本大学和研究机构的国际化，日本还设立了“外籍著名研究员招聘制度”，招聘获得诺贝尔奖或在学术领域有突出贡献的学者来日合作。利用这些制度，日本邀请取得卓越成就的科学家等来日本访问，与日方研究机构进行交流，取得了良好成效。

美国富布赖特项目（Fulbright Program）始于 1946 年，旨在促进“美国学者和其他国家学者之间的相互理解”，目前已经成为世界上规模最大、声誉最高的官方国际交流计划。而事实上，逐渐成为美国短期吸纳全球智力的重要手段，特别是针对具有重要发展潜力的中青年学者和专业人员，与德国洪堡计划齐名。在美国政府赞助的国际学术交流项目中，“富布赖特项目”是持续时间最长、参与人数最多、影响最大的项目之一，是一个推动国际间双向交流的旗舰项目。在 2014—2015 学年的诸多变化中，在未来 5 年，获得的最终学位为博士的科学家将有更好的机会赢得富布赖特项目的青睐，并且有些机会将会预留给那些青年学者。① 实际上，即使在 2008 年金融危机爆发，整体移民政策收紧的情景下，美国科学与数学学科学生实习计划（Optional Practical Training）还规定，凡是持有自然科学、技术、工程学以及数学等四类学位的外国留学生，实习工作期将由 12 个月延长至 29 个月。②

（三）推动本国流失人才回归

这一点主要针对人才净流失国特别是发展中国家而言。从全球高层次人才流向上看，从欠发达国家流向欧洲、大洋洲和亚洲部分地区，再从这些地区流向北美地区，是个基本趋势，也可以称之为是国际人才流动的“基本流向”。发

---

① 生物 360 网站. 美国富布赖特学者计划. http://www.bio360.net/news/show/6019.html.

② 郑永彪，高洁玉，许睢宁. 世界主要发达国家吸引海外人才的政策及启示[J]. 科学学研究，2013 年第 2 期，第 223－231 页.

达国家凭借其在经济、科技、社会资源等方面的优势，大量吸引精英人才加入，而发展中国家特别是欠发达国家一直是国际人才流动的利益受损者。人口大国中国和印度，已经成为发达国家留学生政策、移民政策的战略重心。但也正因如此，这些国家族裔人口在海外的保有量十分可观，吸引其回流为本国服务的潜力巨大。

随着发展中国家对创新人才的需求日益增长，发展中国家希望能够首先吸引流失到海外的优秀本国人才回归，并进而吸引纯粹海外人才到来。事实上，在近年来发达国家经济发展相对疲软的情况下，加上部分发展中国家特别是金砖五国的快速发展和政策大力扶持，在全球人才"基本流向"之外，也出现了人才回流、人才环流等"次要流向"。基本流向加次要流向，或者说，"人才流失"、"人才回归"和"人才循环"，构成了全球人才流动的全貌。当然，"次要流向"并未完全改变前者。加里·皮萨诺和威利·史[①]对美国通过培养大量海外留学生并进而吸引他们留在美国服务的人才战略抱有深深的担忧，因为人才的"流失率"可能会上升，这来自两个方面的因素：一是随着印度和中国等国家继续发展本国的技术密集型产业并建立其科技基础设施，将对这些国家中去美国学习的本国公民越来越具有吸引力；二是美国的移民政策，特别是签证有效性随时在变化，而签证发放数量的增减会对经济中高水平创新产生重要影响。

20 世纪 80 年代中期，印度政府开始下大力气鼓励海外人才回流，并实施了长期的人才投入计划，举办了多种海外人才"科技创业营"，设立"科技创业辅导员"，实施多项科技创业人才培训计划等。此外，印度还实行对等承认双重国籍政策，准许居住在发达国家的印度裔人才拥有双重国籍，允许他们在国内工作、生活、购买房产，为海外人才回国发挥了重要作用。为了吸引旅居海外的高层次人才回国工作，泰国有关部门从 1988 年开始投入大批资金，实施了一项"智囊回流"计划。"智囊回流"计划首先从 30 万居住在美国的泰国人开始，其中 10 万人是科技人员。泰国有关部门专门派出一个工作小组到旧金山、洛杉矶、休斯敦等 7 个美国主要城市，在使馆的帮助下，小组介绍泰国经济发展和人才需求情况，广泛会见泰国科技人员，逐一解决他们的问题。细致的工作收到了很

① 加里·皮萨诺，威利·史. 制造繁荣：美国为什么需要制造业复兴[M]. 北京：机械工业出版社，2014 年版，第 183 页.

好的效果，在参加会面的人中，有 80%表示愿意回国效力。

需要注意的是，从理论的角度来看，单单强调人才的“净流人”并不具有完全的积极意义，就像国际贸易中的比较优势理论。人才或者智力跟普通商品一样，在国际流动中各国都能受益，积极参与国际智力流动保持适当的智力外流有益于一国长远的经济发展与技术进步。[①] 因此，在吸引海外高层次人才回国的同时，也应该继续鼓励出国交流、留学、访问，进一步提高高层次人才队伍的国际化水平。我国于 1985 年提出了“支持留学，鼓励回国，来去自由”的出国留学方针，以及针对海外专家的“可来可走，来去自由”的基本政策。[②] 正如在有关人才政策的研究中不少学者经常引用有“计算机总理”美誉的印度前总理拉·甘地的话：“即使一个印度科学家、工程师或者医生在 50 岁或 60 岁回国，我们也并没有失去他们。我们把这种人才外流看成正在积攒利息、等待印度提取的‘智慧银行’。”

（四）注重情感孵化来保持人才

人才引进工作成功与否的评判不仅仅是通过一个时期引入人才的数量来衡量，而是更大程度上体现为最终能够留住多少人才。“情感孵化”使得引进人才对引进地产生强烈的依赖感，利于长期保持人才并充分发挥人才的作用。在海外高层次引进工作的成功经验中，相关国家不止步于人才成功进入阶段，同时也注意通过后期营造良好的人才孵化成长环境作为辅助措施，力图“以情留才”，这其中关键的因素有人才赖以发展的事业环境和生活环境。加大科技投入、建立完善的科研资助体系、为人才搭建良好的事业发展平台，同时兼顾人才旁系因素（如配偶工作安置、子女就业等）的影响，解除高层次人才创新创业的后顾之忧，为其创建良好生活环境等措施是吸引人才留住人才的通常做法。

巴西政府采取一系列完备的用人制度，如职称分类制、评审制以及相关工资福利制度来吸引和留住人才，政府科技部制定了“博士扎根特别计划”，旨在通过奖学金和津贴等方式鼓励高级科研人员留在国内企业和科研机构服务，以

---

① MOUNTFORD. Can a brain drain be good for growth in the source economy? [J]. Journal of Development Economics, 1997(53), pp191－229.

② 杜红亮，任昱仰. 新中国成立以来中国海外科技人才政策演变历史探析[J]. 中国科技论坛，2012 第 3 期，第 18－23 页.

解决巴西人才流失问题。该计划第一年的预算为1000万雷亚尔，资助对象为国内外在生物、信息、农业等领域工作的博士和高级研究人员。

韩国在相关政策中最具有特色的就是推行配套人才引进后续安置工作机制，政府相机出台“韩国科技研究所援助法”、“科技成就法”、“技术开发促进法”、“工程人员晋升法”等一系列法律条例，将保护与促进科技、人才发展上升到法律高度，从宏观环境中为争取高科技人才的回归和引进创造了动力。对于外国高技能人才，韩国不但针对性地缩短了办理入境手续的时间，为其发放“金卡”，并且规定在韩国居住5年以上的外国人甚至可以参与地方选举。2003年起，韩国政府大幅度降低在韩工作的外国人的个人所得税以及外商投资企业的公司所得税，个人所得税平均降低20%，企业所得税“免七减三”。韩国政府为回国的科技人员提供了回国的旅费、搬家费、住房费、子女教育津贴和国内教育津贴，韩国科技研究所还在政府支持下率先实行新的工资标准。

此外，其他很多国家在人才保持方面都出台了很多优惠措施，不仅表现在为海外高层次人才创造良好的事业环境，降低税率，提供好的实验室和高额的资金支持，为企业创造良好的投资环境以外，还着力改善居住环境，包括生活配套设施、就医入学、社会保障、户籍居留、旅游休闲，使海外人才找到“家的感觉”。从整体上来看，由于发达国家已经走过了引进海外人才的初级阶段，“情感孵化”的手段用得相对较少，而发展中国家或欠发达国家和地区则更多地体现出了这方面的诉求。

（五）科技创业集聚区汇聚人才

科技园、创业园、研究平台建设可以在长期内形成高端人才、高新产业相互促进和相互凝聚的作用，这些特殊区域的形成通常是依托一所或者几所创业型大学，由政府前期推进、市场力量主导的形式发展起来的。科技创业区域对海外人才引进最大的意义就是可以形成人才集聚，进而形成一种吸纳海外高层次人才的独特“魔力”，一旦形成创业高地，甚至不用更多宣传和支持，自然会吸引到合适的、高水平的海外人才，形成海外高层次人才政策的良性机制，特别是成熟的人才市场机制。在海外高层次科技人才引进中，科技园区是人才集聚的重要平台，是知识集聚和创新的重要平台，是创新主体集聚的重要平台，也是政策创新、服务创新的重要平台。①

美国的大学研究园(University Research Park)(如北卡三角、普渡研究园区)吸引并培养了具有专业素养和开发能力的复合型人才,并通过建设有利于创新的文化氛围,赋予科技园以特色文化内涵,来吸引和留住创新人才。美国硅谷和北卡三角是典型的以科技创业集聚人才的案例。①斯坦福研究园:依靠斯坦福大学雄厚的知识、技术、人才资源吸引各种企业、机构入园,多年来斯坦福研究院不断地吸引着全世界许多最成功、受人尊敬的科技企业,为人才创新和个性提供了重要的发展渠道,形成了一个全世界高精尖端人才的聚宝盆。②北卡三角:依托北卡罗来纳大学、北卡罗来纳州立大学和杜克大学而建成,是目前美国仅次于加州硅谷的第二大科技园,园区中绝大多数机构是以研发为主的,聚集了全世界最优秀的一批科研人员,因此被称为以研发为导向的"智能型工业园区"。

英国剑桥科技园依托著名的剑桥大学,是英国最重要的技术中心,形成了以大学、新兴公司和大型跨国公司密切合作的产业网络中心开展业务的极具创新特色的经济形态,不断吸引着全世界的人才和投资。该地区的 GDP 占英国全国的 15.8%,每年为英国增加 5000 个就业机会,园区每年国民生产总值增长率达 6.3%,远远高于英国 3.4%的平均增长率,形成了独特的剑桥现象,赢得了"硅沼"的名声。继 1969 年率先开拓"大学公司"新路并成立剑桥科技园后,剑桥大学于 2000 年又联合 MIT、BP 公司、英国电信等成立剑桥—MIT 研究院(CMI),充分挖掘官产学合作优势,提高科研成果转化效率,并由此提高英国经济创业能力和科技竞争力。这一案例充分说明高校、企业、人才之间的相互集聚作用,并进而对地区经济发展产生重要推动作用的基本规律。

韩国创办大德科技园区,制定《技术开发促进法》等,对于留学人才的技术采取了多种优惠政策,其中包括:对于技术开发准备基金实行免税,对于发展设备投资费用的 10%和采取新技术的费用实行免税,对于试验和研究设备的初步投资的 90%允许特别折旧等。1997 年,韩国政府还允许公立研究所建立自己的研究生院,使得海外回归人才不仅拥有教授的声望,而且在研究事业上拥有

① 汪怿著.引进海外高科技人才比较研究——以新加坡和我国香港、台湾、上海为例[M].上海:上海社会科学院出版社,2012 年版,第 160—162 页.

众多的发展机会。

印度政府投资 1.25 亿美元，专门划拨 250 英亩土地，建设科学城，作为海外人才回国工作、为国服务的永久性基地，举办多种海外人才科技创业营。软件业是印度经济产业结构中不多的具有世界水平的亮点，其良好发展更是离不开海外人才的有力支撑。印度多个地方都建有软件技术园区，其中 1991 年建立的班加罗尔软件园区被称为“印度的硅谷”，吸引了大量在美国硅谷或其他地方工作的印裔人口和外流人才回国创业或工作，为印度带来了大量的资本、先进技术、经营管理经验以及富于创新精神的企业家，依靠他们与海外的密切联系和协作，印度形成了一个广泛的国际人才资源网络，促进了软件产业的发展。[①]

(六)充分挖掘海外留学生资源

吸引留学生并留住留学生是较发达国家普遍性的海外人才政策，一个重要原因在于可以弥补其科学、工程、技术领域高端劳动力数量不足的严峻现实。同时，在美、英、澳、德等吸纳海外留学生大国，留学生群体毫无疑问属于科技智力集中度较高的人才群体，且如果政策得力，留学生将会对其留学目的国产生较强的情感依赖，并进而成为其本国精英居民。所以，不少发达国家都在挖空心思吸引、留住并保持留学生群体为其服务。例如 2014 年 12 月，美国白宫网站发布消息称，奥巴马政府将通过多种手段改革移民体系，其中一个重要方法就是人才移民程序简单化，如方便科学、技术、工程和数学专业的优秀留学生获得绿卡，创立新的签证类别，以及根据国家安全需要，留住一些在联邦政府中关键科学实验室工作的稀缺型移民人才等。

法国在科研方面具有雄厚的实力，多年来吸引了大量人才来法求学研究，并取得了良好的效果。法国在 2006 年 7 月通过了关于外国移民融入法国的新法律，其中重要一项就是发放面向非欧盟国家公民的“优秀人才居留证”。根据规定，凡持有此居留证者，在获得赴法签证的同时，自动获得在法国居留 3 年的权利。此外，法国政府还特别规定，外籍科研人员与本土同级研究人员必须薪酬一致，在福利方面也享受同等待遇。除了“优秀人才居留证”，新移民法还为

---

① 阎光才，王瑞雪，沙炜娟. 日韩印吸引国外留学人员回国创业的经验和借鉴[Z]. 教育部科学技术委员会《专家建议》，2013 年第 12 期.

其他留法的知识型人才提供了种种优惠。例如，外国留学生毕业后可在法国继续居留 6 个月；驻法外国公司的外派职员有权获得 3 年有效的居留证等等。2007 年 3 月，法国外交部和教育部成立法兰西校园管理局，改善对外国留学人员的接待水平。此外，法国外交部还与大企业强强联合，共同培养优秀外国留学生。法国外交部的职能之一是负责法国对外援助事务，其中一项重要举措就是将资金向高水平或高科技方面的人才倾斜，最终吸引他们在法国工作。

表 2-2 部分主要国家接受高等教育外国留学生的数量统计 （单位：千人）

国家	2000 年	2011 年	国家	2000 年	2011 年
美国	548	723	法国	137	278
英国	260	362	德国	187	250
俄罗斯	64	350	西班牙	41	200
中国	45	293	日本	56	138

资料来源：郑巧英，王辉耀，李正风. 全球科技人才流动形式、发展动态及对我国的启示[J]. 科技进步与对策，2014 年第 13 期，第 150—154 页。

从 2007 年开始，日本政府大幅度开放接收海外留学生，福田内阁更是顶住了国际金融危机的巨大压力，在 2008 年公布了“30 万留学生”计划。同时，为了能够留住留学生，日本还将修改入境管理条例，准备最长居留期从现行的原则上 3 年延长到 5 年，为“具有专门知识和技术”的外国科技人才提供在日本就业的机会。2013 年 12 月，日本开始计划建设“国家战略特区”，吸引和留住海外人才，并计划实行留学生毕业包分配政策。

在经济欠发达阶段，国家一般没有条件吸引到真正的海外留学生，甚至也难以使本国海外留学生大量回归。但随着经济环境的改善、智识产业的集聚，移民与留学政策逐渐成为海外高层次人才政策体系中最为重要的部分。其中，亚洲新兴发达国家和地区基本上都在“汉文化圈”内，其在上世纪借助于国际产业转移而实现经济腾飞，文化和发展过程的相似性，使其国际人才竞争战略尤其具有借鉴意义。①

① 王辉耀. 新兴发达国家和地区的国际人才竞争战略[J]. 国际人才交流，2012 年第 4 期，第 52—53 页.

第三章　海外高层次人才区域政策概况(Ⅰ)

据 2012 年统计[①],各省区市共计划实施人才工程 449 项,平均每省 14 项,已启动 307 项;各市计划实施人才工程 3570 项,平均每市 8.5 项,已启动 2388 项。人才计划或人才工程中又有很大一部分是针对海外高层次人才而设立的。从整体上看,各地海外高层次人才政策之间表现出特色性与雷同性并存的特点。就特色性而言,与国家层面不同,地方出台的海外高层次人才政策一般体现出地方特色,包括领域面向、扶持方式、运行机制、发展趋势等,而雷同性同样表现在以上几个方面,这似乎是一对矛盾,但确实又同时存在。

区域性海外高层次人才政策的出台与实施,既要考虑到贯彻落实国家人才政策、利用国家人才政策的优惠条件,也要考虑到当地的经济产业环境,依据地区特色出台人才政策,其最终目的是推动地方经济、科技与人才的互动协调发展。因此,本书构建了海外高层次人才政策四维比较分析框架(如图 3-1),从国家政策、地方环境、配套政策及人才政策自身四个维度具体分析各区域的人才政策的出台与实施效果与特点,并比较其差异。

本章按照上述分析框架,选取北京、上海、江苏、广东、浙江、湖北六省市作为典型案例[②],综述和概览其相关政策及其实施情况,并

---

① 数据来自:中国人事科学研究院课题组,《国家中长期人才发展规划实施一周年情况评估报告》,第二届中国人才发展论坛,2012,中国深圳.

② 据王辉耀等人 2012 年对海归创业情况的调查发现,70.6%的海归选择在北京、江苏、广州、上海开创自己的事业,高新技术密集型行业是创业的主要行业。参考:王辉耀,苗绿编著. 中国海归发展报告(2013)[R]. 北京:社会科学文献出版社,2013 年,P56.

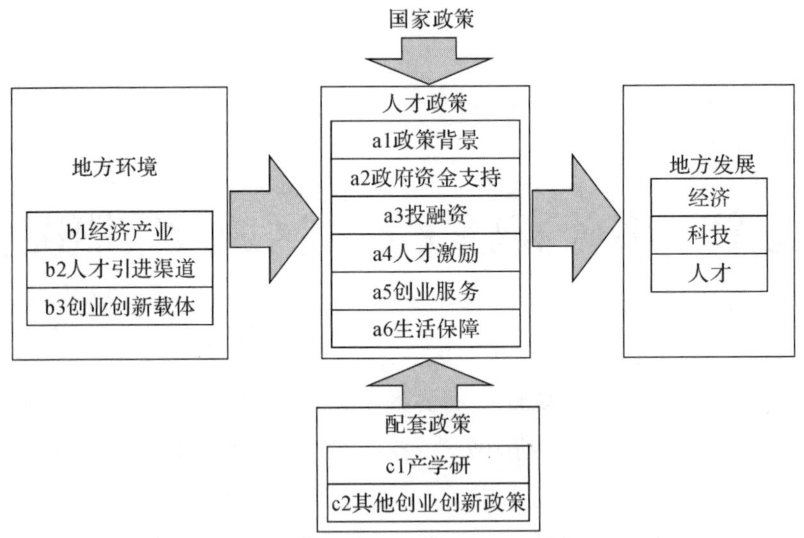

图 3-1 海外高层次人才政策比较分析框架

着重介绍其重点人才项目，以总结海外高层次人才政策规律。需要注意的是，由于海外高层次人才政策散见于政策体系之中，在具体论述过程中大多难以区分，因此以下涉及广泛指向的多种政策内容。

第一节 北京市海外高层次人才政策

（一）基本情况介绍

北京作为首都，在海外高层次人才引进方面也是全国各省市的领头羊。相比于其他地区，北京具有科技创新政策先行优势，科技创新资源、高层次科技人才集聚优势等优质条件。近年来，虽然“经济中心”①已经从城市发展定位中被剔除，但原有的科技、产业、人才基础尚在，科技创新和人才汇聚功能仍十分明

① 《北京城市总体规划(2004—2020 年)》提出北京的发展目标是“国家首都、国际城市、文化名城、宜居城市”。2014 年，习近平总书记在北京考察时提出北京的核心功能为全国政治中心、文化中心、国际交往中心、科技创新中心.

显。据《中国区域创新能力报告 2014》研究①,北京市 2014 年创新能力排名全国第三位,知识创造综合能力位列全国第一,知识获取综合能力位列全国第三,企业创新综合能力位列全国第六,创新环境综合能力位列全国第二,创新绩效综合能力位列全国第六,在各省区市中具有显著的竞争力。一直以来,北京市在人才引进工作上是全国最为积极的地区之一,也一直是海内外人才创新创业的乐土。据《中国区域人才竞争力报告》分析,2011 年北京人才综合竞争力排名全国省区市第一,得分 0.685,比居于第二名的上海得分 0.659 高出不少。②

国家"千人计划"、北京"海聚工程"等人才政策的推出,使北京地区汇集了越来越多的海内外有识之士。2013 年,北京市人才总量为 532 万人,其中入选"千人计划"的有 902 人,"两院"院士 718 人。主要劳动年龄人口受过高等教育比例达到 43.2%,人才贡献率达到 40.6%。2012 年,北京市的专利申请量相较于 2011 年增长了 1.43 万件,专利授权量也从 2011 年的 4.09 万件增长到 2012 年的 5.05 万件。其中,每万人发明专利拥有量达到 34.5 件,是全国平均水平的 10 倍。技术合同成交额 2458.5 亿元,占全国的 38.2%。2013 年,北京市的地区生产总值为 1.78 万亿元,人均 GDP 为 1.3 万美元。其中,中关村对全市科技创新的贡献比例超过 30%,对经济发展的贡献比例超过 25%。

北京市在 2010 年 8 月公布了《首都中长期人才发展规划纲要(2010—2020 年)》,内容涉及人文名家大师培养、科技百名领军人才培养、海外人才聚集工程、优秀企业家聚集培养工程、高技能人才培养带动工程、京郊农村实用人才开发培养工程、首善之区社会工作人才发展工程等 12 个重点工程,并提出到 2020 年,北京市主要劳动年龄人口中受过高等教育的比例将达 42%,人才贡献率达到 60%,成为世界一流的人才之都。自 2009 年 6 月确立"北京海外人才聚集工程"后,至 2011 年,全市分 4 批开展了"海聚工程"高层次人才的申报认定工作,共有 163 名海归人才入选,其中 67 人入选了"千人计划",使"千人计划"入选总人数达到 311 人。

崔炤琨和王静(2014)通过对北京"海聚工程"前七批 124 人归国创业人才

---

① 中国科技发展战略研究小组. 中国区域创新能力报告 2014[R]. 北京:知识产权出版社,2014 年版,第 141 页.

② 桂昭明,王辉耀著. 中国区域人才竞争力报告[M]. 北京:社会科学文献出版社,2013 年版,第 2 页.

的问卷调查发现，海外高层次人才最关注的问题并非直接的经济类和资金类因素，而是更加广泛的创新创业环境和居留环境问题。他们提出的最集中的建议是：充分发挥创业融资平台的作用，帮助降低企业运营成本；加大税收优惠力度及加大创新型创业企业科研扶持力度等方面。在非资金类建议中比较集中的是：进一步提高政府行政执行效率，给创新型创业企业更多倾斜性的扶持，促进市场公平，加强支持创业企业引进高端人才的政策等。而海聚创业人才在决定回国创业前的心理预期与创业实践认识（现实）之间存着重大差距，集中表现于海聚创业人才提出的最需要政府帮助解决的问题和完善创业环境的建议。①

而北京市委市政府也对上述建议予以了有效回应。2014 年 9 月，北京市科委正式发布了《关于进一步创新体制机制加快全国科技创新中心建设的意见》②，《意见》明确赋予市属相关事业单位科技成果自主处置权，在政府做“减法”的同时，在调动科研单位和科技人员创新创业积极性方面做了“加法”。《意见》规定，科技成果转化所获收益，可按 70％及以上的比例，划归科技成果完成人以及对转化做出重要贡献的人员所有。高等学校、科研机构经批准，可采用协议工资等分配方式聘任高层次人才。此外，《意见》指出，要进一步改革科技人才评价和激励机制，实行科技成果入股、股票期权、分红激励等办法，增强对关键岗位、核心骨干的激励。专家表示，该政策标志着建立起以科研能力和创新成果等为导向的科技人才评价标准，让科技人员享有更为自由的创造空间，更加自信地进行创新创业。

以上政策，有效地构建起北京市良好的创新创业氛围，对海外高层次人才具有极大吸引力。而具体到北京市属各区县的人才政策，以取得优异成绩的朝阳区为例，其于 2009 年制定并实施了吸引海外高层次人才的“凤凰计划”，每年由区委、区政府投入 3000 万资金，用于对海外高层次人才创新创业的奖励和扶持。入选“凤凰计划”的国际人才，不但可以获得政策资金的资助，政府还会在创业资金、办公用房、贷款担保、市场开拓以及教育、医疗等诸多方面给予他们重点的扶持、鼓励和服务。计划在未来 5～10 年之内，朝阳将加快实施“凤凰计

---

① 崔炤琨，王静．海外高层次人才回国创业心理预期与现实差距的实证研究——基于北京的调查数据[J]．中国科技论坛，2014 年第 9 期，第 95－99 页．

② 资料来源：新华网北京频道，http://www.bj.xinhuanet.com/tt/2014－09/24/c_1112611855.htm.

划”,支持100名海外高层次人才和吸引1000名优秀留学人员来朝阳创新创业,通过建立国际化人才汇集与培养机制,打造“国际人才宜聚区”。至2013年1月,朝阳区引进海外高层次人才增加20人,加上前两批已认定的54名海外高层次人才,“凤凰计划”引进人才已达74名。其中前两批的54名人才中,创业类海外高层人才16人,创办14家公司。

(二)政策特点分析

1. 引才渠道:建设各方联动的人才引进机制。北京市实施拔尖领军人才开发工程,依托中央“千人计划”、北京“海聚工程”、中关村“高聚工程”等重点人才工程,吸引和延揽以海外高层次人才为重点的各类特需人才。推行人才实名制推荐制度,在全球范围内引进和聚集拔尖领军人才,优先支持高层次人才领衔国家和北京市科技重大专项。坚持引才与引智并举,聘请国际一流的科学家、工程技术专家和企业家,指导或参与科技学术研究、重大项目建设。北京市的引才渠道,最重要的特点是建设各方联动的人才引进机制,[①]具体包括:①针对创新驱动发展所急需的智力要素,结合三次产业结构的调整特别是发展战略性新兴产业的需要,每年汇总人才需求、制定引进海外高层次人才的专项计划;②组织代表团分别到美国、德国、澳大利亚等发达国家主要城市,策划举办群英会、聚贤会、人才峰会等系列活动;③以市政府名义,先后聘任19名“海外人才工作顾问”,联系、推荐和引领海外人才回国发展;④在硅谷、伦敦、东京、香港、慕尼黑等地区,组建10个人才联络处,长期开展人才政策宣传与服务;⑤在北京打造引才工作品牌活动,连续举办“海外人才交流大会”,扩大人才政策影响力。

2. 引才载体:人才基地、孵化器、科技园建设。北京市引才载体创新方面,着力建设全新的创业孵化机制,其中包括:①改革现有大学科技园、留学人员创业园、科技企业孵化器的运行机制,建立从创业项目植入到转化发展的全过程服务体系,安排专门区域,为“海归”人才创业和推广新产品提供空间;②新建若干海外学人科学园,探索多种形式的科研成果孵化模式;③统筹考虑现有科研布局和科技资源情况,推动创意实验室建设,配设科研设备、实验助手等,为国

---

① 闫成. 中关村人才特区建设汇报,2013年4月,内部资料.

内外各类尖端项目的深化研究提供服务平台；④高层次人才创办的企业在京建设总部、研发中心和产业化基地，可根据项目研发生产的需求，代建实验室、生产厂房等基础设施，以租赁方式供企业使用，北京市给予一定的租金补贴，企业可适时回购。[①] 在创业人才平台建设方面，北京市做了以下举措：①建设高端人才创业基地；②推动 26 家大学科技园、91 家科技企业孵化器、33 个留学人员创业园建设；③实施“十百千企业工程”，推动实体经济发展，以支持人才创业。截至 2013 年，中关村出现了一批将早期投资与深度孵化服务相结合的新型孵化器，形成了以服务为主要收入的经营模式和“搭建专业技术平台＋风险投资”孵化模式。2012 年以来，55 家主要孵化器共建立 135 个公共技术平台，其中，27 家投资建设了 94 个公共技术平台，36 家设立了总额 42 亿元的投资基金。目前，中关村拥有各类创业孵化机构 100 余家，孵化总面积超过 324 万平方米，累计入驻企业超过 12000 家，累计毕业企业超过 7000 家，当年在孵企业超过 5000 家，当年新入驻企业超过 1000 家。

3. 投融资：搭建与国际接轨的创业金融服务体系。2012 年 8 月，北京市出台《关于中关村国家自主创新示范区建设国家科技金融创新中心的意见》等 30 余项政策；针对担保融资、信用贷款等方面，设立近 20 项专项资金或扶持资金，推动 18 家银行设立信贷专营机构或特色支行；培育多层次资本市场，扩大“中关村创业板”影响，支持企业上市融资。在整体投融资政策方面，北京市则积极健全与国际接轨的创业金融服务体系，其相关举措包括[②]：①大力引进和聚集各类投资机构，推动天使投资者、股权投资机构和股权投资管理公司在人才特区发展；②健全完善吸引境内外风险投资的工作体系，着力加强对各类国际资本的开发利用；③建立健全以股权投资为核心，投保贷联动、分阶段连续支持的新机制，形成政府资金与社会资金、股权融资与债权融资、直接融资与间接融资有机结合的科技金融合作体系；④建立创业企业改制、代办股份转让、在境内外上市的扶持体系；⑤完善中关村示范区非上市公司股份报价转让试点制度，稳步推进国家高新区非上市股份公司公开转让工作，构建企业改制上市培育工作体系；⑥推动银行信贷专营机构和小额信贷机构的设立和发展，加快金融产品和

① 《关于中关村国家自主创新示范区建设人才特区的若干意见》.

② 《关于中关村国家自主创新示范区建设人才特区的若干意见》.

服务的创新；⑦推动投资便利化，简化人才特区企业员工直接持有境外关联公司股权以及离岸公司在人才特区进行返程投资的有关审批手续。

4. 全方位的人才激励措施。北京市对人才的激励主要有以下措施：①制定实施商标促进专项资金、技术标准资助资金和专利促进资金的管理办法。②落实科技成果处置和收益政策，科技成果转化所获收益可按70%及以上比例划归科技成果完成人以及对转化做出重要贡献的人员所有。③设立每年100亿元统筹资金支持重大项目转化和产业化。④深化股权激励、分红激励。⑤科技经费使用。承担国家民口科技重大专项的高校、科研院所、企业等单位，可在项目（课题）直接费用扣除设备购置费和基本建设费后，按照一般不超过13%的比例列支间接经费。⑥进口税收。人才特区内符合现行政策规定的企业与科研机构，在合理数量范围内进口境内不能生产或性能不能满足需要的科研、教学物品，免征进口关税和进口环节增值税、消费税。高层次留学人员和海外科技专家来华工作，进境合理数量的生活自用物品，按照引进海外高层次人才的现行政策执行。⑦资助。为入选"千人计划"、"海聚工程"等高层次人才提供100万元人民币的一次性奖励。为高层次人才创办的企业优先提供融资担保、贷款贴息等支持政策。对承担国家科技重大专项和北京市重大科技成果产业化项目的高层次人才，由北京市政府科技重大专项及产业化项目统筹资金给予支持。

5. 全程化、系统性的创业服务。北京市组建海外学人中心、人才特区建设促进中心；为海外高层次人才配备服务专员，按照"一门受理、转告相关、全程代理"的方式，提供跟踪式专业化服务。《关于中关村国家自主创新示范区建设人才特区的若干意见》则提出要完善高层次人才发展的服务体系，具体包括：①创新人才发展体制机制。集成"千人计划"、"海聚工程"和"高聚工程"的政策资源，加大对高层次人才发展的扶持力度。建立健全以品德、能力、贡献、业绩为导向的人才评价体系，完善人才评价机制。完善股权激励机制，进一步形成有利于人才创新创业的分配制度和激励机制。健全完善人才吸引、培养、使用、流动和激励机制，发展人才的公共服务体系。加快建设中关村知识产权制度示范园区，加强知识产权行政与司法保护，支持企业开展品牌培育和自律活动。吸引聚集一批国内外知名的人才中介机构，健全专业化、国际化的人才市场服务体系。②优化"海归"人才的发展环境。成立专门的服务机构，研究制订特殊办法，在担任领导职务、承担科技重大项目、申请科技扶持资金、参与国家标准制订、参加院士评选、申报政府奖励等方面，为"海归"人才提供良好条件。建立海外高层次人才的档案制度，制订日常联系服务办法，建立跟踪服务和沟通反馈机制，解决他们工作和生活中的困难。在企业注册、创业融资等方面，为"海归"人才提供有针对性的服务。配套建设双语幼儿园和国际学校，提供便利的公共配套服务设施，营造和谐宜居、环境优美的人才创业、工作和生活环境。

6. 探索性的生活保障措施。北京市对海外高层次人才的生活保障政策，包括以下几个方面：①居留和出入境。按照国家有关规定和程序，可为符合条件的外籍高层次人才及其随迁外籍配偶和未满 18 周岁未婚子女办理《外国人永久居留证》。对于尚未获得《外国人永久居留证》的高层次人才及其配偶和未满 18 周岁子女，需多次临时出入境的，为其办理 2～5 年有效期的外国人居留许可或多次往返签证。②落户。具有中国国籍的高层次人才，可不受户籍所在地的限制，直接落户北京。对于愿意放弃外国国籍、申请加入或恢复中国国籍的高层次人才，由公安机关根据《中华人民共和国国籍法》的有关规定优先办理入籍手续。③医疗。人才特区的高层次人才享受医疗照顾人员待遇，由北京市卫生行政部门为其发放医疗证，到指定的医疗机构就医。所需医疗资金通过现行医疗保障制度解决，不足部分由用人单位按照有关规定予以解决。④住房。北京市采取建设"人才公寓"等措施，为高层次人才提供一万套定向租赁住房。⑤配偶安置。高层次人才配偶随迁并愿意在北京市就业的，由北京市相关部门协调推荐就业岗位。这些措施有些涉及国家层面的政策，有些是在引进中最新出现的现实问题，所以探索性比较强。

(三)重点政策分析：北京海外人才聚集工程

北京海外人才聚集工程，简称"海聚工程"，是北京市为实施"海外高层次人才引进计划"(千人计划)出台的专门面向海外高端人才来京创新创业的鼓励政策。为贯彻落实《中央人才工作协调小组关于实施海外高层次人才引进计划的意见》，2009 年 4 月北京市制定了《关于实施北京海外人才聚集工程的意见》。《意见》指出，从 2009 年开始，用 5～10 年时间，在市级重点创新项目、重点学科和重点实验室、市属高等院校、科研院所、医院、国有企业和商业金融机构及中关村科技园区、北京经济技术开发区等高新技术产业开发区，聚集 10 个由战略科学家领衔的研发团队；聚集 50 个左右由科技领军人才领衔的高科技创业团队；引进并有重点地支持200名左右海外高层次人才来京创新创业；建立10个海外高层次人才创新创业基地，推进产学研用紧密结合，探索实行国际通行的科学研究和技术开发、创业机制；推进建设市级和国家级企业技术中心，鼓励和吸引更多的跨国公司来京设立地区总部和研发中心，聚集一大批海外高层次创新创业人才和团队；鼓励和吸引上千名具有真才实学和发展潜力的优秀留学人员来京创新创业；承接国家在京重大科技基础设施和科技重大专项建设，支持中央企业在京设立研发机构，做好相关人才引进的协调服务、配套落实工作；支持、鼓励非公有制企业和民办非企业单位开展引进海外高层次人才工作。通过北京海外人才聚集工程，把北京打造成为亚洲地区创新创业最为活跃、高层次人才向往并主动汇聚的"人才之都"。

截至2014年底，北京市已完成10批海外高层次人才评价认定，入选"海聚工程"的海外高层次人才总数已达612人，包括171名"千人计划"入选者。[①] 据报告[②]，"海聚工程"实施6年以来，成效明显。①从入选项目情况看，工作类人才438人，创业类人才174人。从年龄分布看，海聚人才的年龄集中在30～50岁之间，处于科技人才科学研究、科技创新以及自主创业的最佳年龄段。其中，1960—1980年出生的人员达到477人，占77.9%。②海聚人才绝大多数在海外具有丰富的学习和工作经历，在知名高校、研究机构或知名企业担任中高层以上技术或管理职务，学术技术水平和管理能力得到业界的认同。其中当选海外院士的有4名（王晓东、邓兴旺当选美国科学院院士，李琳当选英国皇家工程院院士，孙博华当选南非科学院院士），在海外高校、研究机构担任教授（研究员）职务的有113名，副教授职务50名。③海聚人才从事的专业领域以生物医药、电子信息为主，达到254人和166人，分别占整体的41.5%和27.1%，从事能源与环境、新材料和光机电一体化专业的也占有较大比例。此外，还有部分海聚人才从事现代农业、汽车研发、财务金融、文化创意等首都经济重点发展领域。④海聚人才分布在321个用人单位。体制内单位（包括市属国有企业、高等院校、科研院所、医疗卫生机构等）有62家，共引进245名海聚人才，占

---

① 国际在线．北京"海聚工程"对吸引海外高层次人才产生积极效应：http://www.liuxuehr.com/news/jiaodianzixun/2015/0204/18098.html.

② 鲍烨童．北京"海聚工程"6年发展实录，http://www.21cto.com.cn/news/show－77002.html.

40.0%。体制外单位(包括海聚创业企业在内的民营企业和其他类型企业)有259家,共引进367名海聚人才,占60.0%,其中,173家海聚创业企业引进海聚人才235名。⑤教育、科技、卫生等系统和中关村科技园区、经济技术开发区等产业功能区是北京市海聚人才的主要聚集地,其中,中关村科技园区推荐海聚人才183人,市教委推荐海聚人才118人。全市16个区县,除延庆、怀柔、门头沟、房山4个区县外,均有海聚人才,其中海淀区推荐的最多,已累计有35人入选。

"海聚工程"的实施,对吸引海外高层次人才产生了积极效应,从第六批至第九批,入选人数稳定在70人左右,第十批接近98人。从入选项目情况看,创业类人才的绝对数量与相对比重均呈现下降趋势。第一批入选创业类33人,占整体的比例为66.0%,之后,创业类人才逐批下降,近几批稳定在20人以下,第十批包括创业团队在内仅有13人入选创业类,所占比重为13.3%。这与海聚人才计划设立的初衷有所背离。海聚人才围绕国家和北京市战略性新兴产业发展重大需求,突破一批关键核心技术,推动北京市产业结构调整和转型升级。截至2013年底,海聚人才共承担国家级项目课题481项,承担省部级项目466项,项目总金额数达126.24亿元。其中,博奥生物集团有限公司暨生物芯片北京国家工程研究中心总裁程京院士,承担国家级课题47项、省部级课题27项,项目总金额数达2.8亿元。

海聚人才在京取得了一系列达到国际水平的科研成果,发表的科研论文数量稳步增长,论文的国内外学术影响力持续提升,首都创新能力和学术水平得到国内学术界认同。截至2013年底,工作类海聚人才来京后共发表科研论文1784篇,其中,科学引文索引(SCI)收录1280篇,工程索引(EI)收录201篇,科技会议录索引(ISTP)收录39篇,科学评论索引(ISR)收录8篇。海聚人才带来了创新热情和创造活力,在前沿技术方面取得了一批标志性成果,提高了北京市高技术领域的自主创新能力。截至2013年底,152家海聚创业企业共申请发明专利6151项,平均每个企业申请发明专利40.47项。已授权发明专利2136项,平均每个企业拥有发明专利14.05项。企业共取得软件著作权1177项,平均每个企业取得7.74项。一些海聚创业企业已成为各细分行业的领导者,开发的产品项目填补了技术空白,在一定程度上推动了产业的发展升级。

第二节　上海市海外高层次人才政策

(一)基本情况介绍

据《中国区域创新能力报告 2014》最新研究,上海市 2014 年创新能力排名位于第四位,知识创造综合能力位列全国第四,知识获取综合能力第一,企业创新综合能力第五,创新环境综合能力第五,创新绩效综合能力第三,综合来看处于国内第一方阵前列。上海经济社会发展的典型特征是其处于改革开发前沿,与先进国家和地区在创新创业、技术转移与产业合作等领域的合作与交流十分广泛,创新创业环境的国际化程度无可比拟。上海自贸区的成立、张江国家自主创新示范区、紫竹高新技术产业开发区等在全市创新驱动发展中的集聚效应逐渐凸显。此外,上海科技金融行业发展较早、规模大,科教资源丰富程度在国内仅次于北京,全球跨国高新企业汇集,创新创业服务特别是中介服务市场化水平相对较高。

上海"十二五"规划纲要中提出:"落实'四个中心'国家战略,以提高全球资源配置能力为着力点,全力推进国际金融、航运和贸易中心建设,不断提高经济综合实力,全方位提高对内对外开放水平,全面提升经济中心城市的国际地位,为 2020 年基本建成国际经济、金融、贸易、航运中心奠定坚实基础。"上海作为一个国际性大都市和中国对外开放的前沿阵地,历来重视海外交流,是海外人才在国内的首选聚集地之一。随着近年来国家大力推动海外留学人员归国工作和海外高层次人才引进工作,上海市也开始积极出台各类引才计划延揽国内外高层次人才和上海急需人才。据 2011 年初数据,在沪工作和创业的留学人员总量超过 9 万人,留学人员在沪创办企业 4300 家,总投资额约 6 亿美元。近 5 年来,上海累计聘请各类外国专家 37 万人次,每年来上海的外国专家达 8.1 万,占全国总数的 1/6。上海已经引进中央"千人计划"225 人,仅次于北京。此外也已经引进第一批"上海千人计划"160 名。

上海市是中国对外开放的门户,作为中国改革开放的排头兵,整体人才环境与其他城市有很大不同,特别体现在较高市场化程度,市场机制在资源配置上已经发挥基础性作用。近年来，上海市在非国有经济发展、产品市场和要素市场发育、市场中介组织发育、法律制度环境等方面都取得了很大进步。相对完善的市场经济环境要求政府工作要符合整体市场化要求，海外高层次人才政策实施上也不可避免要体现这个特点。此外，上海市是中国不少改革举措的实验田，特别是进入新世纪的2005年成立的浦东新区国家首个“综合配套改革实验区”，2010年杨浦区成为全国唯一的“国家创新型试点城区”，2011年张江高科成为第三个“国家自主创新示范区”，2013年上海成为“中国(上海)自由贸易试验区”，都体现了其改革开放前沿的地位。

(二)政策特点分析

1. 着力打造面向地方产业需求的国际人才港。国际化发展定位和改革开发前沿地位决定了上海对各类人才的需求都体现出国际性。上海“四个中心”建设和社会主义现代化国际大都市目标的实现都需要探索与国际相衔接的制度，因此急需熟悉国际惯例人才的参与。例如，浦东“百人计划”中规定引进的高层次金融人才要“在国际大型金融机构中担任高级以上专业职务或管理职务，精通相关领域业务和国际规则，具有丰富的金融实践操作经验，善于经营管理，工作业绩突出”；高层次航运人才要“在国际知名航运企业(航运服务机构)担任高级以上管理职务、专业职务或毕业于相关国际知名院校且具有丰富航运从业经验”。

结合“四个中心”建设和上海市优势产业发展，上海市人才引进的针对性特别强。如《上海市中长期人才发展规划纲要(2010—2020年)》中明确提出了“建设具有全球竞争力的现代服务业人才队伍”以适应“四个中心”建设需求，包括实施国际金融、航运、贸易人才开发计划。为推动国际金融中心建设，2008年浦东新区出台了《浦东集聚金融人才实施办法》，之后又提出了“陆家嘴人才金港”计划，欲将浦东打造成金融人才的引进和培养基地。上海“十二五”规划提出“构建服务经济时代的产业体系”，形成现代服务业为主、战略性新兴产业引领、先进制造业支撑的新型产业体系。因此，上海特别注重现代服务业人才和优势产业人才的引进。如上海“千人计划”明确了需求导向的重点引才领域，引才范围极其广泛，不仅包括重点产业领域的科技创新创业人才，还包括擅长创业投资、科技担保的领军人才和团队，国际金融、航运、贸易、经济等领域的管理服务型人才以及文化艺术大师和创意人才。

2. 以“国际人才创新试验区”为抓手推进人才工作制度化和市场化建设。上海市在“十二五”规划中明确提出要“建设国际人才高地”，提升人才国际竞争力，先期通过“浦东国际人才创新试验区”建设来示范推动。“浦东国际人才创新试验区”重在突破人才工作瓶颈，从人才管理体制机制、政策法规、服务体系和综合环境等方面创新突破，全面探索完善永久居留制度、试行技术移民制度、建设知识产权保护体系、创新信贷模式、建设国际人才市场、培育创新文化和氛围等。试验区建设不只是优惠政策的堆积，更在于探索打破人才引进和人才工作的瓶颈，进行系统性的制度建设，力图将人才引进和推动人才创新创业相关的体制机制纳入制度化轨道，甚至形成政策法规，创造符合国际惯例的通行环境，使人才引进和管理有法可依、有制度可依，从而最终实现人才引进的常态化机制。

可以发现，“浦东国际人才创新试验区”尝试突破人才引进、人才薪酬、人才管理、人才激励模式和人才发展制度及机制方面的障碍，尝试通过创新科技扶持方式，推动中小科技企业发展。这些问题是中国人才工作，包括人才引进工作普遍存在的问题，可以说是目前推动人才工作和创新企业发展的关键问题。“浦东国际人才创新试验区”的探索对于全国具有重要的示范和借鉴意义。

上海市还积极建设中国上海人力资源服务产业园区，将人力资源服务业纳入现代服务业发展规划，出台促进人力资源服务业发展的政策，在企业注册、财政政策、租房补贴、企业融资等方面予以扶持。据《上海市人才发展“十二五”规划》，上海要积极引进国内外著名人才服务机构，打造上海乃至全国的人才服务机构集聚中心和人才服务供应中心；建设人力资源企业孵化基地，培育中小人力资源服务企业；支持人力资源服务企业做大做强，加速形成一批具有较强国际竞争力的龙头企业；鼓励人力资源服务机构业务创新，完善人力资源服务产业链，提升人力资源服务能级；争取国家的人力资源服务创新政策在园区先行先试。①

① 《上海市人才发展“十二五”规划》.

政策视窗:浦东国际人才创新试验区建设政策[①]

抓住浦东综合配套改革试点的契机,探索建立浦东国际人才创新试验区,重点从人才管理体制机制、政策法规、服务体系和综合环境等方面先行先试、创新突破;以创新试验区的经验和成果,示范和推动上海国际人才高地建设。积极争取国家支持,进一步完善永久居留制度,细化申请条件,规范申请程序,积极引进金融、航运及战略性新兴产业和高新技术产业化等领域高层次人才。探索试行技术移民制度。建设知识产权保护体系,率先细化与知识产权保护相关的各类政策,保护人才和用人单位的创新权益。在人力资本较集中、科技含量较高的产业领域,探索人力资本产权激励机制。加强银政合作,创新信贷模式;创新国资投资机制,改革国资投资公司的投资理念、评价方法、决策模式和动力机制,促使国有科技投资公司从以追求项目投资收益为主转变为由财政提供稳定的资金来源,国资以“资本金+利息”的退出模式,支持科技型中小企业发展。建设国际人才市场,建立符合国际惯例的薪酬定价、信息交互机制,加快推进人才与资本、技术、产权等国际要素市场的融合和对接,形成开放度高、竞争力强、流量大的国际人才资源配置中心。积极培育创新文化和氛围,鼓励人才创新。

3. 超前的投融资支持创新创业。创业人才在创业初期往往缺少资本,这是国内中小型科技型企业发展普遍面临的困境,有种说法是“科学家+企业家+金融家=大赢家”,充分说明了金融资本在人才创业中的重要地位。上海市为解决中小企业融资难问题,采取多种渠道帮助企业寻找资金,为企业创造宽松的融资环境。《上海市人才发展“十二五”规划》特别提到了优化创业融资环境,创新中小企业贷款模式,完善中小企业融资担保体系。通过政策引导、资金参股、风险补偿、税收优惠等手段,培育和集聚海内外各类天使投资、种子基金、创业投资基金、股权投资基金和产业基金。完善国有投资资金管理考核办法,把所培育企业产生的科技创新、税收、就业等作为主要考核指标。以下以张江高科技园区为例,说明政府如何帮助企业寻找资金来源。

(1)加强科技与资本的结合。①引导国资创投投资科技型企业。国资创投可以以股权投资方式支持科技企业发展,并通过“成本+利息”的方式退出股

---

① 《上海市人才发展“十二五”规划》.

权。2010 年，上海市特别出台了《上海市国有企业股权转让管理暂行办法》，为国资与创投产业提供框架性指南。国有资本参股创投企业运作支持海外高层次人才创新创业，是当前国内科技创新先进地区的前沿做法，在江苏部分地区(如苏州有国家开发银行参与)也存在。②鼓励企业改制上市融资。张江高科技园区出台《张江高科技园区支持企业改制上市实施办法》，规定通过三个 100 万政策(企业改制资助，每家企业支持 100 万元；企业上市备案资助，每家企业支持 100 万元；企业上市资助，每家企业支持 100 万元)，鼓励中小企业进入创业板等资本市场直接融资。目前，张江高科技园区已经累计有上市企业 23 家，融资 303 亿元。③鼓励企业进入 OTC 和新三板。《张江高科技园区支持科技企业融资实施办法》根据企业进入 OTC、新三板、联交所产权交易转让平台发生的费用给予 30 万～80 万元不等的一次性资助。④鼓励风险投资入住。风险投资与智识资本、社会资本的结合是海外高层次人才创业成功的重要条件。目前，张江高科技园区内各类创业投资机构管理的基金规模已经超过 423 亿元。⑤设立“代持股专项资金”，推动股权激励。设立以国资为主导、规模为 5 亿元的“代持股专项资金”，对符合股权激励条件的团体和个人，给予股权认购、持股及股权取得阶段所产生的个人所得税代垫等资金支持。

(2)加强科技与金融的结合。①银政合作。按照“风险共担、限额补贴、征信先行、专业运作、监管创新”的原则深入开展银政合作。在对接银行和企业的过程中，张江集团设立了一个坏账“风险池”，将自己的部分盈利放入“风险池”中，借此对园区内中小企业的贷款做出“托底”承诺，降低银行坏账风险和相应的顾虑。2011 年 7 月，张江高科管委会与中国银行上海市分行、交通银行上海市分行、浦发银行上海分行、上海银行、上海农商银行、招商银行上海分行及华夏银行上海分行等 7 家银行签订《战略合作协议书》，建立全面战略合作关系，从而发挥各自优势，加大对张江国家自主创新示范区内科技型中小企业融资的支持力度，共同推进科技金融服务。在今后 5 年内，撬动 7 家银行在张江高新区内企业的新增授信人民币 1400 亿元，其中中小企业不低于 700 亿元。②“银行＋保险公司”联合参与贷款产品。为了进一步降低银行的贷款风险，除了政府出资为银行提供风险补偿资金外，还引入保险公司承担风险保障。2010 年上海市科委与金融办联合推出“上海市科技型中小企业履约保证保险贷款”试点，这在国内也属首创。

实践视野:上海市科技型中小企业履约保证保险贷款

2010年,上海市科委在市金融办的支持下,与中国银行上海分行、上海银行、浦发银行上海分行合作。每家银行拿出5000万元面向科技型中小企业的贷款额度,上海市科委则为这3家银行分别匹配100万元的风险补偿准备金。同时,引入太平洋保险公司提供部分贷款风险保障。试点中,上海科技型中小企业单笔贷款额度一般为50万~300万元,最高不超过500万元,贷款期限为一年以内。贷款利率在人民银行公布的同期贷款基准利率的基础上,根据各借款企业的风险,适当浮动;而保险费率为贷款本息合计的2%,如果企业按时还本付息,保费的50%可享受财政专项补贴。一旦出现科技中小企业贷款逾期不还,上海市科委风险补偿金将承担25%,保险公司承担45%,银行承担30%。

4. 物质+荣誉+评价三结合的人才激励机制。上海市高层次人才激励政策相对比较完备,主要有以下几点:

(1)创新人才激励政策。完善本市荣誉制度和政府人才奖励办法,表彰奖励在经济社会发展中做出杰出贡献的人才。探索建立知识、技术等要素按贡献参与分配制度,研究实施技术分红、技术入股、知识产权折价、股权期权激励政策,在张江国家自主创新示范区率先落实。推进事业单位人事制度改革,在落实事业单位绩效工资时,向高层次人才倾斜。完善高层次人才补充养老、企业年金等多层次保障政策,提高高层次人才退休后养老保障水平①。

(2)改进科技人才评价激励机制。①逐步建立以科研质量和创新能力为导向、以工作性质和岗位为分类的科技人才评价机制,针对基础研究人才建立以学术水平和学术影响为核心内容的同行评议机制,针对应用研究和技术创新人才建立以技术创新和集成能力为核心内容的评价机制,根据产业技术创新特点进一步完善职称评定体系。②鼓励企业建立知识、技术等生产要素按贡献参与分配的制度,探索实行技术分成、知识产权折价、股权期权激励制度,提高技术成果转化和应用中主要发明人的收益比例。③建立财政性人才投入经费用于人才本身的激励制度,逐步提高财政性科研投入中直接用于人才激励的经费

---

① 《上海市人才发展"十二五"规划》.

比例。①

(3)完善科技人才的奖励政策。①继续实施国家和本市的科技奖励政策，在本市层面进一步提高非公有制经济组织科技人才、青年科技人才和创新团队的获奖比例。②增设“杰出青年科学奖”，重点奖励35岁以下在尖端科技前沿和战略性新兴产业领域作出杰出贡献的科技人才。增设“杰出工程师奖”，重点奖励企业在高新技术研发和工程技术领域得到行业认可、成绩突出的科技人才。③鼓励境内外企业事业组织、社会团体及其他社会组织和个人利用非国家财政性经费或自筹资金，依法合规面向科技人才设立各具特色的科技奖励，营造尊重人才、尊重创新的社会氛围。

5. 创业服务。创业服务就是直接服务于海外高层次人才创新创业的政策措施，如创业启动支持、投融资服务、创新活动补贴、产学研合作激励、项目申报、研发队伍建设等，这些是不少海外高层次人才的创新创业过程中面临的现实问题。上海市还在创业方面提出了多方面的支持，但比较有特点的是三个方面：

(1)优化创业登记环境。探索建立法人主体资格与经营资格分离的企业登记管理制度，在浦东新区和海外高层次人才创新创业基地先行先试。创新外籍人才投资创业管理方式，试点并推行外籍人才创业投资企业合同、章程格式化审批。逐步破除创业人才身份限制，推进境内自然人投资设立中外合资、中外合作企业试点工作。

(2)优化创业税收环境。制定科研成果转化企业税收减免政策。制定扶持高层次人才创业的研发投入税前扣除政策。制定实施海外高层次人才进境合理数量的科研教学物品、个人自用物品等免征进口税收政策。

(3)优化创业服务环境。建设创业人才公共服务平台，融合人才公共服务机构、中小企业促进机构和科技创业服务机构服务资源，建设创业服务一站式专窗。建设专业化创业服务队伍，提供个性化全方位服务。依托高校、创业者公共实训基地、创业孵化基地等载体，开展创业教育，探索市级重大科技专项“以老带青”科技人员共同负责制。

6. 安居工程＋市民待遇的生活保障条件。在国内一线城市，房价高企不

---

① 《上海“十二五”科技人才发展规划》.

下，如何提供相对低廉的居住条件对于吸引海外人才具有重大意义。曾任上海市委书记的俞正声曾说："上海的企业也好，大学、科研院所也好，最大的发展困惑是人才，人才的困惑，对上海来说，最大的困惑就是住房。住房（问题），如果拿不出一个解决问题的长远有效的机制，上海的人才优势将丧失殆尽。"目前，上海已有多个区实施了"人才安居工程"，通过提供人才公寓、住房购房补贴、购房限价等方式满足海外人才在内的来沪人才居住需求。2008 年，浦东出台《浦东新区人才安居工程实施办法》，开始实施人才安居工程，计划三年内建设 3.7 万套 230 万平方米各类人才公寓。2009 年，嘉定区制定实施《嘉定区优秀人才住房保障三年行动计划》，按市场价的 60％优惠出售或补贴优秀人才，形成了"配售、配租、补贴"三位一体的优秀人才住房保障"嘉定模式"。2010 年，杨浦区着手建设 2.29 万平方米的江湾人才公寓，解决包括"千人计划"、"上海千人计划"等各类高层次人才的住房问题。2011 年，张江核心园拟计划建造一批限价商品房，定向配售给张江核心园高层次人才，以帮助解决住房问题。此外，持有《上海居住证》（B 证）的外国籍人员可以在办理房屋产权登记手续公证的情况下在上海市贷款购房。

为了加快聚集海外优秀人才，上海市政府颁布了《上海中长期科学和技术发展规划纲要（2006—2020 年）》，其中提到：（1）海外高层次留学人员来沪定居工作或创业，可申请办理《上海市居住证》。入外籍留学人员可按规定申请参加社会保险。从事高新技术成果转化项目的留学人员在沪取得的工薪收入，在计算个人应纳所得税额时，可按规定加计扣除。高新技术企业和科研院所等用人单位聘用的外籍专家，其薪金可列支成本。（2）支持企事业单位培养和吸引创新人才。及时发布本市重点领域和行业人才开发目录。对企事业单位引进优秀创新人才、解决优秀创新人才特殊困难等，由人才发展资金给予资助。已办理居住证的优秀人才可享受子女在沪就读、参加本市基本养老保险、医疗保险和缴纳住房公积金等待遇。（3）对由高新技术成果转化项目组建的企业，引进主要投资经营管理者和关键技术人员，并符合规定条件的，在本人及其配偶和未成年子女申请办理《上海市居住证》等方面给予优先支持。

（三）重点政策分析：上海市千人计划

根据《上海市实施海外高层次人才引进计划的意见》（沪委办发〔2010〕28

号),第一批上海市海外高层次人才引进计划(简称“上海千人计划”)申报工作启动。“上海千人计划”将用5～10年时间,围绕国家重大战略和上海重点发展战略目标的人才需求,引进一批紧缺急需的海外高层次人才,并争取其中一批引进人才入选中央“千人计划”。在符合条件的企业、高等院校、科研院所、园区,建立20～30个市级海外高层次人才创新创业基地;并争取其中一批基地建设成为国家级海外高层次人才创新创业基地。支持人才基地进行更加大胆的体制机制探索,将有关投融资、股权激励、成果转化等方面政策在人才基地先行先试,营造宽松环境,把基地建设成为海外高层次人才最能发挥作用、最能产生效益的“人才特区”。继续发挥现有各类人才支持计划的作用,形成分层分类的优秀人才引进、培育平台。①

截至2014年②,上海人才总量和高层次人才数量不断提升,人才发展的环境不断改善。目前,上海共有43位外国专家荣获中国政府“友谊奖”;626名海外高层次人才入选中央“千人计划”,其中21人入选“外国专家千人计划”;557名海外高层次人才入选上海“千人计划”;2502名留学人员入选上海市“浦江人才计划”。在沪“两院院士”共计164人;“百千万人才工程”国家级人选318人;1070人入选上海市“领军人才计划”;821人入选上海市首席技师“千人计划”。来沪工作和创业的留学人员已达12万余人,留学人员在沪创办企业4800余家,注册资金超过7亿美元。常住上海的外国专家超过8.8万人。

“上海千人计划”注重以落户、税收、薪酬为抓手来留住人才。为了营造良好人才发展环境,真正做到引进人才、留住人才、用好人才,“上海千人计划”围绕居留和出入境、落户、社会保险、住房、通关、医疗保障、子女入学、配偶安置等方面,为人才提供更加完善的特定生活待遇;围绕资助、税收、薪酬等方面,构建更加灵活的激励机制;对符合“上海千人计划”引进人才标准条件的先期回国(来华)海外高层次人才以及在沪其他高层次人才,经过相应程序,一并纳入“上海千人计划”,授予“上海特聘专家”称号。上海市引进海外高层次人才工作小组(以下简称“工作小组”)由市委常委、组织部部长担任,副组长由分管副市长担任,工作小组成员单位由市委组织部、市人力资源和社会保障局等26家单位

① 《上海市实施海外高层次人才引进计划的意见》(沪委办发〔2010〕28号).

② 626人入选中央千人计划:http://www.shanghai.gov.cn/shanghai/node2314/node2315/node4411/u21ai972303.html.

组成，在市委组织部设立了上海市引进海外高层次人才工作专项办公室，作为工作小组日常办事机构，具体负责计划的组织实施。

“上海千人计划”的主要特点包括以下几个方面①：

(1)提出了“三个坚持”的指导方针。即坚持以科学发展观为统领，树立人才优先发展理念，按照“突出重点、以用为本、特事特办、统筹实施”的原则，加大“上海千人计划”推进力度；坚持产业聚才、项目引才，大力引进、培育和用好海外高层次人才和创新创业团队；坚持充分尊重、积极支持、放手使用人才，营造创新伟大、创业崇高的良好环境，为抢占新一轮产业发展制高点、转变发展方式、加快推进“四个率先”、加快建设“四个中心”和社会主义现代化国际大都市提供坚强人才保障。

(2)明确了“需求导向”的重点引才领域。根据上海加快推进“四个率先”、加快建设“四个中心”和社会主义现代化国际大都市对海外高层次人才的需求，“上海千人计划”确定了三个重点引才领域。①依托重大专项、重点创新项目、重点学科和重点实验室、工程(技术)研究中心、工程实验室和创新创业基地等，重点引进并支持一批有重大发明创造或重大技术创新，能够突破关键技术、培育战略性新兴产业、发展高新技术产业、带动新兴学科发展的创新创业人才。②聚焦新能源、民用航空制造业、先进重大装备、生物医药、电子信息制造业、新能源汽车、海洋工程装备、新材料、软件和信息服务业等重点领域和重大项目对人才的需求，重点引进和支持一批掌握核心技术，擅长知识产权战略谋划和知识产权运作，能够提高自主创新能力、形成自主知识产权、实现知识产权价值最大化的海外高层次创新人才、科技创业领军人才和创新团队；重点引进和支持一批具有优异的创业投资、科技担保管理业绩，擅长培育中小高新技术企业的创业投资、科技担保领军人才和团队。③围绕加快“四个中心”和现代化国际大都市建设的需要，重点引进和支持一批国际金融、航运、贸易、经济领域高端人才以及有一定国际知名度的文化艺术大师和创意人才。

(3)提出了“三管齐下”的引才方式。①加强宏观引导，建立海外高层次人才信息库和海外高层次人才信息共享机制，组织海外高层次人才论坛，及时发

① “上海千人计划”特点解读：http://www.21cnhr.gov.cn/news/detail.jsp?viewID=67494&lmCode=A01030101.

布、定期更新《上海海外高层次人才需求目录》,引导海外高层次人才向上海经济社会发展重点领域集聚,提高引才工作针对性和有效性。②发挥市场作用,鼓励并支持用人单位面向海外开展多种形式的自主招聘,建立市场化引才长效机制,发挥用人单位引进人才的主体作用;鼓励人才服务机构与用人单位、人才基地加强合作,发挥人才服务机构推荐人才的重要作用。③通过对外联络,发挥海外联谊会等社会团体和各类行业协会、海外联络办事机构、海外合作单位的作用,宣传引才计划和优惠政策。

(4)"上海千人计划"搭建了高层次人才发展的"立交桥"。①"上海千人计划"也同样适用于本土人才,对符合"上海千人计划"引进人才标准条件的先期回沪海外高层次人才以及在沪其他高层次人才,经用人单位申请、主管部门推荐、有关认定评估等程序,纳入"上海千人计划",授予"上海特聘专家"称号。②"上海千人计划"定位于建立本市海外高层次人才第一梯队,同时,继续发挥现有的"领军人才计划"、"浦江计划"、"东方学者计划"等各类人才计划的作用,形成分层分类的人才引进培育平台。

(5)为人才搭建了更加宽广的事业舞台。①在岗位职务上,用人单位可采用岗位招聘方式直接聘任引进人才担任中层以上领导职务或高级专业技术职务,所需编制、职数和专业技术职务计划可单列,还可以设置专业技术特设岗位。②在承担项目上,引进人才可参与国家和本市重大项目咨询论证、重大科研计划项目研究和标准制订等工作或担任主要负责人。③在资金扶持上,鼓励各有关部门、区县和园区提供项目风投基金、资金信用担保等其他资金扶持,建立市场化的投融资引导机制;鼓励海外高层次人才创新创业基地所在行政区创新国资投资机制,建立银证风险共担机制,引导银行进行信贷服务创新,加大对引进人才创业扶持力度。④绩效评估上,用人单位要按照国际惯例和科研规律设置考核周期和考核指标,避免多头、重复评价。⑤评选奖励上,支持引进人才参加国内各种学术组织,吸纳引进人才作为本市各类高级专业技术职务评审委员会评审专家,以及其他人才和项目评审专家。

(6)为人才提供了更加完善的特定生活待遇。在居留和出入境、落户、社会保险、住房、通关、医疗保障、子女入学和配偶安置等各方面,提供类似中央"千人计划"本市配套的优厚生活待遇政策,以解决引进人才的后顾之忧。另外,本市及用人单位还为引进人才一次性提供100万元的生活资助。

第三节 江苏省海外高层次人才政策

(一)基本情况介绍

江苏省尤其是苏南地区是我国重要的经济增长极,也是重要的城市集中地,南京、苏州、无锡等城市及其所辐射的发达县域是新中国经济发展史上"苏南模式"的代表。进入新世纪以来,从乡镇企业模式到外向型经济再到创新驱动发展的转型较为成功,较好实现了科技、人才和产业的三轮联动。2014 年,国务院批复同意支持南京、苏州、无锡、常州、昆山、江阴、武进、镇江等 8 个高新技术产业开发区和苏州工业园区建设苏南国家自主创新示范区,拉开了进一步实现苏南经济一体化、现代化的序幕。据《中国区域创新能力报告 2014》①,江苏省 2014 年创新能力排名连续六年位于全国第一位,其中,知识创造综合能力位列全国第二,知识获取综合能力第二,企业创新综合能力第一,创新环境综合能力第一,创新绩效综合能力第二,创新环境再次跃升为全国第一,说明江苏省创新环境进一步优化。从"乡镇企业"到"外向型经济",江苏省一直处于经济转型的引领地位,在此轮"创新驱动转型"的过程中,江苏省依然走在了全国前列,率先通过高层次人才引进和培养来提升区域自主创新能力。截至 2011 年年底,江苏省共引进高层次人才近 9 万名、创新创业团队 2200 多个,创办高科技企业 1000 多家;已有 246 人入选国家"千人计划"(截至第八批),其中创业类 123 人,占全国的 28.2%,位居全国第一。

江苏省作为创新型省份,深入实施创新驱动发展战略,扎实推进科技创新工程。为进一步统筹配置创新资源,加快完善产业发展体系,2013 年 12 月 6 日,江苏省产业技术研究院成立。研究院包括总院及专业性研究所,采取会员制及联盟的方式,确立"服务与引领"的宗旨定位。"服务"即面向中小企业创新需求,支持企业创新发展;"引领"即面向产业转型发展需求,组织开展产业共性

① 中国科技发展战略研究小组. 中国区域创新能力报告 2014[R]. 北京:知识产权出版社,2014 年版,第 177 页.

技术、前沿技术的集成攻关和协同创新。产业技术研究院的成立有效地缓解了中小企业缺乏产业技术服务体系以及产业升级缺乏共性技术的支撑研发体系的问题，并有效地调动起江苏省丰富的科教资源。

科技创新是创新驱动的核心，人才是科技创新的关键和牵引，而企业是科技创新的主体。充分依托企业的创新主体作用，充分发挥市场机制的决定性作用，并更好地发挥政府的作用，是十八大以来我国经济社会发展的主旋律。江苏省政府十分注重以科技创新推动产业升级和经济增长，坚持以企业为创新主体，为科技成果转化创造了良好的环境氛围，并将培养具有国际影响力的创新型领军企业作为发展目标。江苏企业在技术创新中的主体地位显著增强，主要标志是“四个 80%”，即全省 80%以上的科技投入来自企业，财政科技经费 80%以上直接投向企业，引进的高层次人才 80%以上到了企业，80%以上的科技服务平台建在企业。①

江苏还坚持把“科教兴省”、“人才强省”作为江苏发展的主战略。早在 2003 年，江苏省委、省政府就明确提出了“在 21 世纪头 20 年率先全面建成小康社会，率先基本实现现代化”的奋斗目标，这个宏伟目标也被称之为“两个率先”。时任江苏省委书记李源潮同志指出，要把“人才强省”作为“两个率先”的长远大计，以培养人才为“两个率先”之基，以吸引人才为“两个率先”之策，以用好人才为“两个率先”之本。江苏省委省政府则在 2006 年相应出台了《关于加强高层次创新创业人才队伍建设的意见》，决定从 2007 年开始实施“双创计划”。截至 2011 年年底，江苏省已资助引进了“双创人才”1318 名，省财政投入 13 亿元，成为江苏省人才工作的重要品牌。2010 年，江苏省实施了“江苏省科技创新团队计划”，共引进支持了 8 个科技创新团队，给予 1.35 亿元资金支持；在此基础上，2011 年又实施了“江苏省创新团队计划”，已资助引进了 30 个达到世界先进水平的创新团队，共给予引进的 30 个创新团队 1 亿元人才经费、4.28 亿元项目经费资助。

在省级层面的积极引导下，江苏各地市招才引智计划竞相出台，形成了以“双创计划”为龙头，省市配套联动的多方位、多层次人才引进工作体系。其中，无锡市最早开展海外高层次人才引进计划，2006 年无锡市出台《关于引进领军

① 梁保华. 大道先行[J]. 南京：江苏人民出版社 2014 年版，第 38 页.

型海外留学归国创业人才计划实施意见》，开始实施“530”计划，计划在 5 年内引进 30 名领军型海外留学归国创业人才。到 2011 年，无锡市已经吸引 1500 多位海外领军型人才创业，年销售超千万元的“530”企业超 60 家，已经形成了引进海外高层次人才的典型模式，国内诸多地区的引才模式均借鉴了“530”计划。

苏州市委市政府于 2010 年印发了《关于进一步推进姑苏人才计划的若干意见》，实施“姑苏人才计划”；作为姑苏人才计划的一部分，在 2007 年苏州市推出了“姑苏双创计划”（姑苏创新创业领军人才计划）。凭借产业集聚优势，苏州市引进海归人才效果显著，目前海归人员数量已经突破 12000 人，引进姑苏领军人才 289 人，81 人入选中央“千人计划”，居全国地级市首位，其中创业类人才 59 名，约占全国总数的 14%。另据不完全统计，加上异地申报入选的“千人计划”人才，在苏州的“千人计划”人才达到了 154 人，足见苏州强大的海外人才吸引力。

南京市于 2010 年开始实施“紫金人才计划”，自 2010 年起，以 3 年为一个周期，每个周期投入 10 亿元吸引顶尖人才、领军人才和急需紧缺人才。2009 年，南京市被国家批准为全国唯一一个国家科技体制综合改革试点城市，为深化建设，在人才方面于 2011 年通过《中共南京市委关于聚焦“四个第一”实施创新驱动战略 打造中国人才与科技创新名城的决定》，提出实施“321 人才计划”。2012 年南京市又出台《中共南京市委 南京市人民政府关于创建国家级“紫金人才特区”的意见》，目标到 2015 年建成国家级“紫金人才特区”，并继“321 创业人才计划”后，又提出了“创新人才 300 计划”、“万名青年大学生创业计划”、“双创载体 2060 计划”、“科技金融 111 工程”、“人才安居 195 工程”等系列计划。截至目前，南京市已经引进了“321 人才”1050 人，“紫金计划人才”111 人，人才工作成效卓著。

(二)政策特点分析

江苏省海外高层次人才政策以地方政府强力推进为主要特色，地方政府在人才投入、创业投融资支持、活动组织、创业服务等方面扮演关键角色，这与其经济发展中政府角色显著相关。虽然江苏省高水平高校林立，其中不乏 211 工程、985 工程高校，科教资源可谓极其丰富，但在海外高层次人才引进中，创业人才依然占有较大比例,这也可能是经济发达地区海外高层次人才引进的重要特点。以第六批"千人计划"在江苏的实践看,39 人中有创业人才 27 人,占创业类入选总数的 32%。究其原因,本书认为可能是经济发达地区产业集聚效应已经显现,经济产业对海外高层次人才的吸引力和吸附力都比较强。此外,在科教融合和校企合作的背景下,创新创业人才汇聚融合特征逐渐突出也可能是形成这种局面的重要原因。在"千人计划"中,整体上呈现创新人才远多于创业人才的结构,以 2011 年国家第六批"千人计划"看,共有 349 人入选,有创业类人才 84 人,创新类人才 265 人,这与部分发达地区的结构比例有所不同。以江苏为例,截至 2014 年,共有 480 人入选"千人计划",其中创业类 204 人,与创新类人才差别不大,占全国创业类总数的 29.7%。

1. 引才渠道:"走出去"与"引进来",强化人才政策宣传。"要吸引海内外人才入驻江苏,首先要让他们了解江苏的经济、产业和人才政策",江苏省格外重视宣传当地人才政策,具体举措包括:①"走出去",开展人才宣讲会。多形式多渠道对人才工作展开全方位宣传,主动前往海外举办招才引智活动,设立海外人才工作站,搭建海外与国内沟通交流的平台。2011 年,南京 6 个月内在国内外多个城市开展了 7 场宣讲会宣传南京人才计划,共吸引 1000 多人报名南京"321 人才计划",远远超出预期。②"引进来",开展人才项目对接会。积极在国内举行人才交流推介活动,充分利用媒体,树立典范,不断提高人才引进计划在全国乃至全球的知名度和影响力。2009 年,苏州市启动开展"苏州国际精英创业周",免费邀请全球高层次人才到苏州实地考察创业环境和人才政策,促成人才、项目、资金的对接。活动效果显著,前三届精英周累计有 452 个高新技术项目落户,累计注册资本超过 30 亿元,第四届精英周正式签约项目 317 个,达成合作意向项目 472 个。

2. 引才载体:数量全国领先,模式创新。良好的创新创业载体是吸引、留住高层次人才的重要条件。江苏省采取园中园模式,在原有产业开发区、高新技术产业开发区等专业园区内设立研发设计园,为高层次技术研发人才提供专门技术研发场所,并结合战略性新兴产业发展情况,建立战略性新兴产业发展园区或基地,充分发挥高层次人才在新兴技术研发中的重要作用。同时,积极鼓励工程技术研发中心、重点实验室、公共研发平台引进海内外高层次人才或开展合作。江苏省已有 9 家国家级海外高层次人才创新创业基地,位居全国前列。

创新创业载体建设上，江苏省的主要特点包括：①创业创新载体多。目前，江苏省各类科技企业孵化器有349家，其中国家级孵化器68家，占全国总数的18.8%；[①]建有国家重点实验室92家，其中国家级重点实验室32家，数量位居全国省份第一，建有省级以上工程技术研究中心1639家，企业院士工作站310家；②创新载体模式创新。从2010年开始，江苏省启动“产业技术研究院建设计划”，重点围绕产业集群创新需求部署建设一批新型研发机构，主要目的在于围绕产业集聚区，以产业共性技术研发、成果转化和产业孵化为重点，以一流创新人才和管理人才为依托，面向中小企业开展成果转化和人才培养，引领本聚集区产业发展，截至2011年，江苏省已启动建设产业技术研究院9家；[②]③产学研共建创新载体建设突出。以昆山高新区为例，与境内外50多所高校院所建立了紧密关系，建立了清华科技园昆山分园、北大科技园昆山分园、南京大学昆山创新研究院、西安电子科技大学昆山创新创业中心、中科院微电子研究所昆山分所、与清华大学共建昆山产业创新研究院等，很好地解决了昆山产业发展的技术来源问题。

3. 投融资：建立了全过程投资体系、全方位融资平台。融资难是创业期间尤其是海外高层次人才企业初创阶段面临的首要问题，新兴技术领域创业因风险高尤其需要解决创业融资难题。据统计，美国至少有50%的高新技术企业得到过风险投资的资助，许多企业3/4以上的投资由风险投资基金提供。江苏省贷款贴息、风险投资、产业投资基金、政策性担保、科技保险、知识产权抵押贷款等多种市场化支持方式发展相对完备。江苏省已经成为全国创业投资最活跃的地区，创业投资成为江苏产业发展的重要推动力。截至2012年6月底，江苏省备案的创业投资机构达279家，管理资本规模达到508亿元，累计备案创投企业数量和规模等各项指标保持全国第一，累计投资项目2151个，投资金额298.73亿元。[③] 其中苏州工业园的投融资发展最为迅速和典型。

(1)“千人计划创投中心”落户苏州工业园。2011年7月，中央人才工作协

① 科技企业孵化器数量江苏居首. http://www.1000plan.orgqrjharticle/18658.

② 江苏省产业技术研究院. http://www.kjpt.net/cy/.

③ 江苏省创投资本规模突破500亿元. http://www.js.chinanews.comnews2012/0720/42921.html.

调小组在沙湖股权投资中心正式挂牌成立“千人计划创投中心”，“千人计划创投中心”主要有三项职能：一是基金服务平台，加快集聚基金及基金管理人；二是投融资服务平台，提供投融资对接服务；三是企业发展平台，加大对创业企业的指导力度。

(2)建立了全过程的投资体系。苏州工业园区已经形成了从创业孵化期、初创期、成长期、扩张期到成熟期全过程的投资体系。向创业孵化期投资的原点创投有限公司不仅对孵化期企业进行投资，还承担“孵化器”功能，为创业企业提供个性化的企业运营服务，参与企业的运作与管理，从而能一定程度上提高企业创业的成功率。

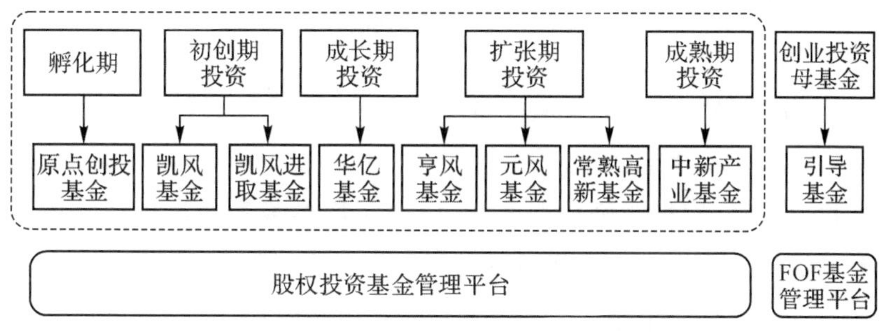

图 3-2　全过程投资体系①

(3)建立了全方位的融资平台。苏州工业园区设立了全国首个科技型中小企业统贷平台、全国首家小企业信贷专营机构、江苏省首家科技小贷公司、江苏省首家科技小贷公司和苏州市首家科技银行，形成了股权投资业务平台、债权投资业务平台、资产管理业务平台等多个融资服务平台，为企业融资和资产管理提供全方位服务。

4. 人才激励：提高科研人员技术转移收益，关注中层人才激励。江苏省对人才的激励主要有以下措施：①高层次人才个人减免税。《江苏省海外高层次人才居住证制度暂行办法实施细则》规定，对在江苏省工商注册且税务登记企业聘用的持证人缴纳的个人所得税实行奖励，奖励金额为持证人上年度在当地税务部门所缴工薪收入个人所得税额的40%，当地的奖励总额原则上历年累计不超过30万元。《中共南京市委 南京市人民政府关于创建国家“紫金人才特

① 来自苏州工业园区访谈资料.

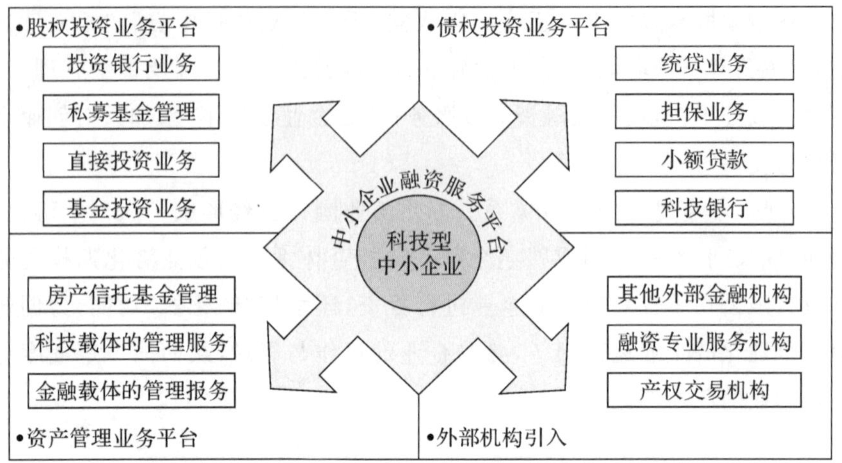

图 3-3 全方位融资平台①

区"的意见》中则提出，要"适当增加高层次人才个人所得税税前扣除项目，对其购房租房补贴、子女教育、家属抚养等支出，允许按一定比例税前扣除，对于技术转让、技术入股、期权激励所获收益等，暂不缴纳或暂缓缴纳个人所得税"。2014 年 10 月 1 日起施行的全国首部促进科技人才创业和科技创业园区发展的地方性法规《南京市紫金科技人才创业特别社区条例》规定，职务发明成果转让收益至少 60%归个人或团队。②提高收益比例，鼓励高校科研院所高校技术转移。2012 年，南京市出台《深化南京国家科技体制综合改革试点城市建设 打造中国人才与创业创新名城的若干政策措施》，允许和鼓励在宁高校科研院所和国有企业单位科技人员离岗创业、在职创业，允许知识产权等无形资产可按至少 50%、最多 70%的比例折算为技术股份，允许职务发明成果所得收益按至少 60%、最多 95%的比例归科技人员所有。③对紧缺人才和优秀人才提供薪酬补贴。紧缺人才与优秀人才一般不是领军型人才，但是是企业人才金字塔的重要构成部分，为帮助企业留住这些人才，江苏省部分地区的政府提供了相应的薪酬补贴。如《苏州工业园区吸引高层次人才和紧缺人才的优惠政策意见》提出，对"引进的具有本科以上学历的紧缺高层次人才，在三年内，经每年评审后可按月给予 1000～3000 元的薪酬补贴"。昆山高新区从 2008 年开始就对评定的优秀人才在三年内给予每人每月 1000～3000 元的补贴。

① 来自苏州工业园区访谈资料.

5. 产学研合作：转人才优势为科技优势，推动产学研人才互动。江苏科教资源丰富，如何将科教优势转化为经济和产业优势、推动产学合作创新是江苏省一直探索的问题，目前江苏省主要有以下三种较为成熟的方式：①产业教授。2010 年 9 月，江苏省委组织部、教育厅、科技厅联合发布《关于开展首批江苏产业教授选聘工作的通知》，选聘一批科技企业家到具有硕士及以上学位授予权的普通本科高校担任产业教授，2011 年共产生了第一批 111 名产业教授，聘期 3 年。产业教授将密切企业与高校的联系，在共同申请科研项目、高校科技成果转化和学生创新创业能力培养以及企业招聘方面起促进作用。②企业博士集聚计划。2010 年，江苏省开始实施“企业博士集聚计划”，计划 5 年内资助 2000 名左右博士在江苏省创新创业。主要资助除国家“千人计划”、江苏省“双创计划”外，在江苏省内重点产业领域创办企业，或到企业工作和从事博士后的博士，每年省级财政和地方财政将给予不低于 20 万元资助，并在科技项目申报、创新平台建设、科技金融方面提供优先支持，旨在吸引海内外高层次人才向企业集聚，提升企业自主创新能力。2010 年、2011 年已有两批共 431 名博士入选“企业博士集聚计划”。③科技镇长团。2008 年，江苏省开始试行“科技镇长团”工作，从全国高校院所选拔博士、教授，以组团的形式向经济发达的县（市、区）派驻“科技镇长团”，团长任副县（市、区）长，成员任副镇（乡、街道、园区）长[①]。“科技镇长团”有利于提高基层科技创新服务能力，推动地方产业转型升级，推动高校科技成果转化，到 2011 年已选派了 4 批共 620 名博士、教授到地方任职。

6. 创业服务：“创业保姆”与“服务中心”模式，打造一流创业服务环境。江苏省率先看到了科技类人才创业服务的重要性和必要性，形成了两种典型的创业服务方式：①无锡“创业保姆计划”。为确保科技创业者专注于技术的同时经营管理好企业各项事务，无锡市于 2009 年推出了“创业保姆计划”，由政府为“530 企业”配备一批训练有素的行政助理，帮助企业处理日常行政工作、人力资源管理、公共关系、项目申报、与政府部门沟通等工作，[②]行政助理的培训、管理费用均由地方财政承担。②苏州工业园区中小企业服务中心。“中小企业服务

---

① “科技镇长团”简介. http://www.jsrcgz.gov.cn/2111112521/djh/2012/03/2111190373.html.

② 无锡新区启动“创业保姆计划”. http://unn.people.com.cn/GB/131315/131316/9594742.html.

中心"为区内企业提供全方位深度服务，设有综合服务处、重点企业处、金融服务处、人才服务处、基金管理处，其主要职责有：推进金融、担保体系建设，促进企业与金融机构合作，帮助解决中小企业融资难问题；整合各级政府政策，承担各类扶持中小企业发展的政策申请、项目申报服务；搭建政府、中介、企业间的信息交流平台，引导完善中介服务体系建设；服务人才，为各类人才提供金融服务、户口迁移、子女入学、出入境手续等创新创业服务项目。"中小企业服务中心"是一个综合性的人才服务机构，运转良好，具有典型的推广意义。

7. 生活保障：切实提高外籍人士国民待遇。2012 年，江苏省南京市和苏州市在海外高层次人才生活服务方面作出了政策创新和突破：①南京市颁布首部地方性侨务法规。2012 年 4 月，南京市通过《南京市华侨归侨侨眷权益保护法》，将权益保护范围扩大到华侨，并适当延伸到外籍华人，因为南京市各类海外高层次人才计划引进的人才多数为华侨、外籍华人和归侨，急需法律规范权益保证问题。②南京市尝试落实人才特别政治待遇。《中共南京市委 南京市人民政府关于创建国家"紫金人才特区"的意见》提出，"作出突出贡献、有参政议政能力的海外高层次人才，可作为特约代表列席、旁听党委、人大、政府、政协会议。符合国家有关规定的海外高层次人才，可在人大、政协、政府咨询部门及科技、人才等职能部门和直属企事业单位任职（兼职）。引入国际化竞争机制，开展留学人才、外籍人才聘任制公务员试点。对已恢复中国国籍的原中共党员、本人自愿提出申请、符合《中国共产党章程》规定的，可恢复党籍。"③苏州"领军人才"保险。2012 年，苏州人保财险推出了领军人才卓越保险计划，投保人和医院不分地域限制，可以直接选择有合作的海外医院诊治。这无疑解决了无法享受国内社保的外籍人士的医疗保险难题。

（三）重点政策分析：无锡市"530 计划"

"530 计划"是江苏海外高层次人才政策的重要品牌，并在事实上取得了显著效果，加之我国光伏产业迅速膨胀和"无锡尚德"这一企业品牌的巨大影响，使之具有了全国性特征。"530 计划"的显著特点是启动早、规模大、举措完备、效果明显。2006 年 5 月，无锡市委市政府率先在江苏省启动了引进领军型海外留学归国创业人才的"530 人才引进计划"，初衷是"5 年内引进不少于 30 名领军型海外留学人才来无锡创业"，提供的优惠政策措施是"三个 100、两个 300"，即向引进的海外创业人才提供 100 万元创业启动资金,不少于 100 平方米的工作场所,不少于 100 平方米的住房公寓,并根据项目情况提供不低于 300 万元的风投资金及不低于 300 万元的资金担保。

2012 年 1 月,无锡市委市政府出台了《关于深化"530"计划 建设"东方硅谷"的意见》。2012 年,通过发挥"东方硅谷"政策的激励和引导作用,宜兴银环控股集团引进了诺贝尔奖获得者理查·罗伯茨来锡建立研究院并推进产业化项目,实现了民营企业引进国际顶尖人才的重大突破。与此同时,经过无锡市各用人单位申报和专家评审,最终有 28 位新引进人才入围无锡市社会事业领军人才、8 位新引进人才入围无锡市中介服务领军人才,涵盖了文化教育、医疗卫生、风险投资、法律服务等多个领域。迄今为止,530 计划已初显成效,一批高层次创新创业人才集聚无锡,带动了无锡市战略性新兴产业的崛起,530 已成为无锡面向国内外的一张亮丽名片。以下简单综述 530 计划实施的总体情况。①

"530 计划"项目引进分两个阶段,第一阶段为 2012 年前原 530 计划引进的企业(即先评审后落户的企业,以下简称老 530 企业)累计 1697 家;第二阶段为 2012 年"东方硅谷"创业类领军人才和团队项目 125 项(以下归纳为新 530,创新人才项目和团队不计算在内),全市累计注册 530 企业 1822 家。530 企业注册资本总计 68. 2 亿元,注册资本构成为:创业团队货币出资 41. 66 亿元;市创投出资 2. 30 亿元;区创投出资 3. 32 亿元;无形资产作价 8. 05 亿元;其他社会资本 12. 87 亿元。市级财政为 530 企业拨付启动资金 9. 54 亿元,市(县)、区财政拨付创业启动资金 3. 63 亿元。

2012 年,在国内外经济形势总体比较困难的情况下,530 企业逆势而上,保持稳健快速增长。全年 530 企业实现销售企业数总计 844 家,同比增长 23.2%,实现销售企业占 530 企业总数的 46. 3%,实现销售收入共计 88. 2 亿元,同比增长 70. 9%,实现入库税收 2. 3 亿元,同比增长 100%,其中销售超过亿元企业有 10 家,销售超过 5000 万元(含亿元)的企业有 17 家,销售超 1000 万元(含 5000 万元以上)的企业有 116 家,销售超 500 万元(含 1000 万元以上)的有 171 家。

1. 530 计划对无锡的影响。

(1)推动无锡市战略新兴产业的崛起。530 计划引进的高层次人才和高新

① 资料来源:《530 计划创新创业人才工作的汇报》,无锡市科学技术局,2013 年 8 月.

技术项目具有先导性,项目落户后对新兴产业的引领带动效应显著,产业链上一批高新技术企业不断聚集。无锡市物联网产业一半以上是530企业,传感器节点、智能终端、系统集成、云计算及云存储、通信网络等各子领域领军企业都是530企业。全市484家生物医药企业中260多家企业为530企业,其中干细胞、DNA检测、医疗器械、新药研制都是由530企业引领和支撑。表3-1是530企业在无锡市各战略性新兴产业的分布情况。

表3-1 无锡市530企业各行业分布情况 (截至2013年8月)

产业领域		企业数(家)	占比
电子信息(软件、微电子与物联网有交叉)		1059	58.1%
	软件	572	31.4%
	微电子	182	10.0%
	物联网	337	18.5%
生物医药与医疗器械		262	14.4%
高端技术服务		84	4.6%
新材料		91	5.0%
新能源及节能		109	6.0%
资源与环境		98	5.4%
现代制造		119	6.5%

(2)助推无锡市创新能力水平提升。无锡市引进的530企业都集中在新兴产业领域,项目落地对无锡市创新能力水平提升起到了重要的推动作用,部分企业产品开始填补国内空白,达到了国际先进水平。如生物医药领域江苏奥思达干细胞有限公司的干细胞临床应用、中德美联核酸检测技术,微电子领域德思普科技DSP处理器、新洁能半导体IGBT芯片等,企业通过自主创新已掌握关键核心技术产品,填补了国内空白,全市共有200余家企业产品达到国际国内先进水平。此外,易嘉通、凤凰半导体、杰尔压缩机、星波能源等一批企业通过民营资本与530项目技术结合实现了传统企业的创新能力水平提升。

(3)集聚高端人才提升城市综合竞争力。530计划实施后引进了1800多位领军人才,同时他们带来了近5000名硕士及博士人才,高端人才的引入大大提升了无锡市的综合竞争力。由科技领军人才与民营企业创办的众森源生物技术公司引进了诺贝尔奖获得者并建立了生物科技中国(宜兴)研究院,率先实现了由530企业引进诺贝尔奖获得者建立研究院的重大突破。《福布斯》“2012创新能力最强的25个城市”无锡排名第四,《福布斯》“2012中国大陆最佳商业城市排行榜”无锡排名第五,这其中530计划的实施做出了不小的贡献。

2.“530计划”的成功经验。“政府重视、政策全面、服务优质、科学管理、强化融资、坚持创新”是“530计划”得以取得重大成效的关键。

(1)政府重视。无锡市政府高度重视和大力支持530计划人才引进工作。时任江苏省省委书记李源潮多次亲切接见签约的“530计划”引进人才。组织部门、人事部门、科技部门等十几个政府部门紧密合作,从受理申报到组织评审,从项目洽谈到签约仪式,从兑现扶持政策到推动成果产业化,每个环节都体现了无锡市政府“成立之初当保姆、发展之中当助教、成功之后当保安”的决心。530企业成立之初,无锡市政府免费为引进人才提供创业启动资助经费、办公场地和住房公寓,为企业注册提供全程绿色通道,为创业者子女提供优质教育等;发展之中,免费提供创业导师咨询服务、人才招聘服务、法律协助服务,帮助企业解决融资难题,推动企业成果加快转化等;成功之后,政府资金退出,安心当一名“保安”,继续为更多企业营造更好的创新创业环境。

(2)政策全面。自2006年起,无锡市政府先后制定出台了一系列530计划配套政策,主要包括《关于进一步吸引和用好优秀人才的试行规定》、《关于引进领军型海外留学归国创业人才计划的实施意见》(即“530计划”)、《关于领军型海外留学归国人才创业项目产业化推进计划的实施意见》(即“后530计划”)、《关于以更大力度实施无锡海外高层次人才引进计划的意见》(即“无锡千人计划”)等一系列人才引进政策,以及《关于对530企业招聘人才有关规定的通知》、《关于进一步推进530企业服务工作的意见》、《关于建立“三谷三基地”530计划企业和纳税大户行政服务“直通车”的意见》、《关于开展“530”企业专项贷款试点工作的意见》等若干配套措施。2010年7月无锡市人才工作会议后,无锡市委市政府还出台了以《无锡市中长期人才发展规划纲要》和《关于建设“人才特区”的意见》为核心,以《关于实施“百千万”人才工程三年行动计划》、《关于建设高层次人才公寓三年行动计划》、《关于外籍人员、取得外国永久居留权人员参加社会保险有关问题的意见》等十三项政策为配套的“2+13”人才政策体系，为吸引海内外高层次人才来锡创新创业、打造“人才无锡”营造了良好的政策环境。特别是2012年1月无锡市委市政府出台的《关于深化“530”计划 建设“东方硅谷”的意见》更是加大了无锡高层次人才的引进力度。

(3)服务优质。优质的创新创业服务——专业场所，专人服务是530计划的特点和亮点之一，主要表现为三个方面：一是提供“一站式”便捷服务。无锡组建了530人才创业服务中心、530项目促进中心、530创业大厦等专业场所，工商税务登记、企业人才招聘、知识产权认定、护照驾证办理、居留许可、子女入学入托等方面，为引进的高层次人才提供“一站式”便捷服务。无锡市政府对落户的“530”领军型创业人才，在享受不少于100平方米住宅公寓(3年免收租金)的同时，还享受30万～50万元的安家费补助。二是搭建公共科技服务平台。无锡通过整合优化全市科技资源，建立了7个530企业公共科技服务平台，较好地为530企业研发提供了技术支持，降低企业创业成本、缩短产业化周期。三是提供创业导师培训及人才招聘服务。无锡从全国范围内聘任成功的企业家作为530企业创业导师，如中星微电子创始人邓中翰博士等，成立“530专家咨询委员会”，为引进高层次人才提供有针对性的咨询指导。此外，还定期编制发布“无锡市紧缺专业人才需求目录”，建立健全综合性服务平台，免费为530企业提供人才招聘服务、法律服务、市场推广服务，解决530企业管理之忧。

(4)科学管理。2006年无锡市在全国率先实施530计划，赴发达国家和地区广泛推介，形成了一股到无锡创业的热潮，当时项目遴选采用的是技术评审和综合评审两轮专家打分，评定A、B、C三类项目进行支持。2012年按市委、市政府主要领导要求，无锡市科技局对530项目管理进行调整：首先要求符合该市产业导向和人才申报要求的项目，申报前在无锡落地注册企业；其次根据领军人才出资情况，项目与风险、规模企业、民营资本结合情况，行业顶级专家、驻外使馆参赞和地区领军推荐情况对企业给予100万～500万元分二至四期差异化扶持，积极探索“资本＋技术＋企业家＝卓越企业”的新型科技企业培育模式。

(5)强化融资。缺乏资金是海归人才创业的最大瓶颈，解决融资难题是海归企业最迫切的需求。为切实解决530企业从科技研发到产业化成长过程中对融资的迫切需求，无锡市政府积极出台《关于开展“530”企业专项贷款试点工作的意见》、《关于为中小企业开展再担保业务的通知》、《无锡市创业投资引导发展专项资金运行管理暂行办法》等专项政策，构筑系统的创业投融资体系，为530企业的发展壮大提供强大的资金支持。2009年，无锡金融办、科技、人事等部门与金融机构多方协调，建立了政府贷款担保机制，于当年就实现了12家530企业与锡州农商行、交行、浦发等5家银行签订了金额达3400万元的授信协议。“十一五”期间，无锡政府组建了11家政府主导创投机构，引进17家民营和外资风投机构，设立10亿元产业投资引导基金和15亿元重点产业发展资金，全力为530企业解决融资难题。

(6)坚持创新。2006年530计划启动后，无锡又相继启动了相关人才引进计划，把530计划向纵深推进。2007年，启动后530计划，对530计划中市场前景好、规划化程度高、产业化较强的企业进行扶持，促使他们尽快形成大的产业规模和市场优势；2008年，出台泛530计划，有效拓宽无锡招才引智和城市未来发展的范围和领域，旨在两年内结合科技创新的实际需求，引进30名以上的外籍和港澳台科技领军型人才到无锡创新创业，对原有530计划进行有力补充；2009年，启动无锡千人计划，贯彻落实中组部高层次人才引进“千人计划”，更大力度、更大范围、更宽领域地吸引海内外高层次人才，计划在5年内引进并重点支持1000名以上海外高层次人才，集聚一批海外高层次创新创业人才和团队，力争到2020年左右，把无锡打造成为“东方硅谷”。从530计划到无锡千人计划，从5年内30名领军人才到5年内1000名高层次人才，530计划在短短四年间经历了三次变革与拓展，在支持海外高层次人才创新创业的举措上不断探索，充分体现了无锡对人才引进工作的重视、坚持与不断创新发展。正因为如此，530计划才得以不断发展和完善，取得良好成效。

第四节 广东省海外高层次人才政策

(一)基本情况介绍

广东省是全国率先实行改革开放政策的省份，在经济规模、社会开放度、金融实力、文化开放度、科技创新能力等方面的表现居于全国前列。据《中国区域创新能力报告 2014》研究①,从知识创造的角度来看,其研究与试验发展全时人员当量为 492327 人/年,发明专利授权数为 22153 件,两项指标位居全国首位。在企业创新能力方面,规模以上工业企业新产品销售收入达到 15402.85 亿元,研发活动经费内部支出总额达到 1077.86 亿元,规模以上工业企业研发人员数为 51.92 万人,这三项衡量企业创新能力的重要指标均保持在全国前两位。广东省规模以上工业企业技术改造经费支出、规模以上工业企业研发活动经费内部支出总额占销售收入的比例等表征科技创新水平的指标进入全国前三位。

目前,广东省经济增速恢复到了金融危机前的水平,之前强调的“腾笼换鸟”也向着“幸福广东”这一目标转型。为实现“幸福广东”,广东省近一段时期以来强调加快发展混合所有制经济,建设国营、民营、外资企业齐头并进的局面,尤其是要扶持中小微企业的成长。为此,广东省政府接连出台了一系列政策措施,切实帮扶中小企业应对困难和挑战,通过财政扶持、融资服务与市场开拓促进中小微企业的发展与科技创新,并取得了较为明显的成效。总体来看,广东省的经济发展水平和外向程度很高,也是我国创新能力最强的地区之一。广东省未来的挑战仍是产业转型,更好地将竞争力建立在创新的基础上,同时切实做到建设“幸福广东”的目标,使普通民众也能享受到科技创新带来的实惠。

政策视窗:广东省创新驱动发展的政策态势②

广东作为深化改革开放的先行地、探索科学发展的实验区,区域创新能力一直位居全国前列,但在后危机时代,在科技创新日益成为区域竞争力核心的形势下,实施创新发展战略比任何时候都更为迫切、更有条件、机遇更大。2014 年 6 月 21 日,《中共广东省委 广东省人民政府关于全面深化科技体制改革加快创新驱动发展的决定》(粤发〔2014〕12 号,以下简称《决定》)正式颁布。《决定》明确指出广东省到 2020 年开放型区域创新体系和创新型经济形态基本建成,努力实现从要素驱动向创新驱动全面转变,主要创新指标达到或超过中等创新

---

① 中国科技发展战略研究小组. 中国区域创新能力报告 2014[R]. 北京:知识产权出版社,2014 年版,第 213 页.

② 《中共广东省委 广东省人民政府关于全面深化科技体制改革加快创新驱动发展的决定》(粤发〔2014〕12 号),http://www.gdstc.gov.cn/msg/imagezwxw2014/07/0717_FGC_FJ.pdf,2015-04-19.

型国家和地区水平。这是十八届三中全会之后,全国第一个颁布实施的关于深化科技体制改革、实施创新驱动发展战略的顶层设计和纲领性文件,广东再一次发挥全国科技体制改革发展试验田作用。

《决定》在全面梳理广东科技创新基本情况的基础上,以深化科技体制改革为主线,以技术创新市场导向机制和更好发挥政府作用为核心,从知识创新、技术创新、协同创新、产业创新、转化应用、环境建设等6个全面重点推进、精准发力,出台了"一揽子"政策,打掉科技体制改革路上的"拦路虎"。值得关注的是,《决定》起草中始终做到"五个坚持",即:坚持有形之手与无形之手相结合,坚持科技改革与创新发展相结合,坚持着眼当前和谋划长远相结合,坚持全面部署和突出重点相结合,坚持盘活存量和用好增量相结合。《决定》明确既要让市场在科技创新活动各个环节"说话",强化市场"无形之手"的作用,但也不否定或弱化政府这只"有形之手"的作用,而是推动政府从主导创新向服务创新转变,把两者更好地结合起来。这些新举措有助于破除束缚创新驱动发展的体制机制障碍,激发科技创新活力。

2011年,广东省人才总量1070万人,占全国9%,人才贡献率30.2%,居全国第四;具有博士学位或高级以上职称的高层次专业技术人才24万人,在粤工作院士107人(含双聘院士73人),千人计划入选者116人,博士后5300人;拥有留学回国人员7.5万人,占全国9%,每年来粤的境外专家15万人次,占全国三分之一。

广东省委省政府分别于2008年和2010年印发了《中共广东省委广东省人民政府关于加快吸引培养高层次人才的意见》和《广东省中长期人才发展规划纲要(2010—2020年)》,对广东省未来人才工作和高层次人才引进培养工作提出了总体目标和规划,提出通过实施各类人才计划工程,进一步加强人才强省战略,提高自主创新能力。在省级层面,2009年,广东省设立"创新科研团队和领军人才"引进计划,分别重点引进广东省优先发展产业急需的创新和科研团队以及两院院士、重大项目首席科学家、工程技术专家和管理专家等领军人才;2011年实施了"百名南粤杰出人才工程",着力培养一批有实力竞争两院院士的后备人才。

在市级层面,广州和深圳的人才工作突出。2010年,广州市设立了"百人计划",引进、扶持300名左右创新创业领军人才来穗创业发展,通过2010年和

2011年两批引进，共引进了14名创新领军人才和36名创业领军人才；2006年广州市启动“121人才梯队工程”，2011年实施新一期“121人才梯队工程”，旨在培养两院院士、“新世纪百千万人才工程”、享受政府津贴的后备人才。深圳市于2011年启动“孔雀计划”，重点引进海外高层次人才团队、人才来深创新创业和工作。到2012年6月份，已成功引进四批，共147名“孔雀计划”人才。

广东为什么能够形成以市场驱动为特征的海外高层次人才引进模式？很大的原因在于其以企业主导的科技创新体制机制环境，企业承担国家和省市科技项目并进而主导科技人才引进的能力十分突出。比如，深圳做到了“4个90%”：90%以上研发人员集中在企业、90%以上研发资金来源于企业、90%以上研发机构设立在企业、90%以上职务发明专利生产于企业，这就是典型的企业主导科技创新的原因，也是其经济活力突出的重要表现。再如，深圳有各类股权投资、风险投资基金近2000家，数量和管理资本规模占全国1/3，还有中小板、创业板等融资平台，退出机制比较灵活，有力地推动创新型企业进入发展快车道。

（二）政策特点分析

1. 引才渠道：形成知名人才交流平台，建立海外联络站。广东省已经形成了国内外华人圈知名的人才交流平台，为广东省引进国内外人才创造了极佳的优势。“中国留学人员广州科技交流会”至2014年已经举办了16届，由中央海外高层次人才引进工作小组指导，教育部、科学技术部、人力资源和社会保障部、中国科学院、国务院侨务办公室、欧美同学会·中国留学人员联谊会和广州市人民政府共同主办。在2012年交流会上，共签约了63个项目，总投资212亿元，项目都以战略新兴产业项目、科技研发项目为主。“中国国际人才交流大会”至2014年已经在深圳举办了12届，是海外人才登陆中国、国内人才走向世界的重要双向交流平台。“中国深圳创新创业大赛”已经举办三届，深圳市政府连续两届分别投入300万元，给予高科技创业创新项目无偿支持，形成了扶持创业创新的“政府奖金＋创投引导基金＋匹配投资＋地方孵化基地支持”的“深圳模式”。此外，广东省还将引才触角延生到海外，在发达国家建立了7个海外引才工作站，利用广东省海外华侨多的优势，由企业与人事部门签订协议，告知企业人才需求，再由人事部门与华侨社团、驻外机构建立联系，通过政府购买它们的服务，由它们帮助物色人才，政府起到中介作用。

2. 引才载体：政府与企业协力，着力打造一流载体。广东省已成功获批10个国家级海外高层次人才创新创业基地，在国内位居前列。在建设创新创业载体的过程中，广东省主要形成了两种建设模式：一种是以广州开发区为代表的“政府主导规划建设”模式，另一种是以深圳高新区为代表的“企业建研发中心＋虚拟大学园”模式。广州开发区为推动经济转型，着力推动新建广州科学城、中新（广州）知识城和广州国际生物岛“两城一岛”建设，已累计投入200多亿元，搭建各类孵化器、加速器和公共技术平台、生活设施，重点引进战略性新兴产业，通过平台引项目的方式已经成功引进了69个高端项目。深圳高新区汇集了一大批国内外知名企业的研发中心，区内90％以上研发机构在企业、90％以上研发人员在企业、90％以上研发资金来自企业、90％以上发明专利出自企业，因此深圳高新区内企业是建设创新载体的主力；深圳高新区充分利用区内高新技术企业多、市场化程度高的优势，引进了海内外54所著名院校入驻深圳虚拟大学园，形成了高层次人才培养、重点实验室建设、大学成果转化和产业化基地，并已有44所著名大学在高新区内设立研究院。

3. 投融资：鼓励金融产业发展，加快科技金融结合。广东省积极发挥政府财政的杠杆效应和市场资金的趋利性，大力推动科技金融创新，为创业企业带来发展资金，具体包括：①鼓励发展金融产业，对金融企业的发展给予优惠政策。如广州开发区对金融企业落户开发区给予资金奖励、对购置办公用房和办公用房租金给予优惠、对金融机构经营团队给予一次性100万到200万元的资助等。②设立政府引导基金，以现金参股、阶段性参股、跟进投资等方式参与投资项目企业。③鼓励企业上市。广州开发区对区内高新技术企业进入代办系统、创业板、中小板及主板等给予50万、200万和300万元奖励。④建立科技金融服务平台。2008年，深圳市成立创业投资广场，主要通过吸收和引进专业风险投资基金，券商投行部和非上市业务部，产权交易所，评估、会计、律师事务所及担保、信用、专利服务中介机构，为处于不同成长阶段的中小科技企业和初期创业者提供资本服务；并且通过“项目融资辅导营”、“项目深度剖析沙龙”等特色活动，为企业融资、上市提供指导、服务，帮助寻找投资方，从而构建起适合深圳中小型科技企业发展需求的金融服务链。

4. 人才激励：“荣誉＋重金”奖励，人才激励力度大。除一般性奖励补贴和股权期权激励外，广东省还通过设立各类重奖和个税减免等措施激励人才，调动人才工作积极性和荣誉感，具体举措包括：①重奖激励人才。2010 年，设立“南粤功勋奖”（每两年评选一次，每次不超过 2 人）和“南粤创新奖”（每两年评选一次，每次不超过 5 人），分别给予 3000 万元和 500 万元的奖励；2012 年，设立“战略性新兴产业高层次人才奖”，“十二五”期间每年评选一次，每次评选 20 人，每人奖励 500 万元；2012 年，设立了“战略性新兴产业首席专家”，享有优先被推荐评选国家“千人计划”、两院院士、重大科技项目等待遇；此外，还设立了“广东省科学技术突出贡献奖”、“广东专利奖”、“广东省岭南勋章”、“羊城功勋奖”（广州）、“鹏城人才杰出奖”（深圳）等荣誉称号，增强人才的荣誉感。②个税减免，在地方财政部分适当减免高层次人才个人所得税。如《广州市创业领军人才创业发展扶持办法》（2010）规定，领军人才在广州市创业期间，其应纳税年收入在 12 万元以上部分，由市财政每年按其缴纳的个人所得税额的本市留成部分的 50％给予补贴，补贴不超过 5 年，每年补贴最高不超过 30 万元。

5. 产学研合作：“官产学研资介”相结合，不断突出市场机制的功能。以具有代表性的深圳高新区“政产学研合作”为例进行介绍。深圳高新技术产业园区深圳湾园区（以下简称深圳高新区）始建于 1996 年 9 月，是国家科技部“建设世界一流高科技园区”的首批六家试点园区之一，在全国高新技术开发区中占据重要地位。在全国 108 个国家高新区综合评价中，深圳高新区位居全国第二（仅次于中关村），单位面积产出继续位居首位，超越了台湾新竹科技园。纵观深圳高新区近 20 年来的发展成就，政产学研合作在其中起到了至关重要的作用。同时，深圳高新区已经逐步形成了以市场为导向、以产品为核心、以企业为主体、以大学和科研院所为依托，辐射周边地区，拓展至国内外的“官产学研资”合作模式。2007 年被广东省教育部产学研结合协调领导小组办公室认定为“广东省教育部产学研结合示范基地”。作为我国改革开发的前哨，深圳高新区具有内地多数地区所不具备的政产学研合作优势条件，从经济社会发展状况到人力资源供给，从优越的企业创新环境到濒临境外/海外的区位条件，不一而足。

(1)高新技术产业链拓展了合作空间。归根结底，产业发展规模、创新创业环境、科教资源集聚程度等是产学研合作的重要基础（同时也是合作的成果表现），而产业链的完整程度更是为产学研合作开展提供了必要空间。深圳高新区不断完善的新兴行业的产业链使得政产学研合作的空间不断拓展，本地区有足够能力承载政产学研合作资源进入并充分发挥作用。深圳高新区已形成了较为完善的信息通讯、计算机软件、生物医药、新材料新能源、光机电一体化等新兴产业群,汇聚和培育了一批产业优势突出的骨干企业。同时,“拓展产业空间,完善产业链条,优化产业结构”也是高新区的重要发展方向。

(2)科技人才积聚提供重要智力支撑。深圳市是国内高层次人才流动的重要目的地,除大量相对熟练的产业工人外,还有源源不断、来自全国各地的大学毕业生、大量的海外归国人才,为政产学研项目的落地实施提供了充分的人力资源支撑。借助于强大的资金实力,高新区在引进海外高层次人才上的投入力度比较大,如深圳市纳入“孔雀计划”的海外高层次人才可享受80万至150万元的奖励补贴,而对于引进的世界一流团队给予最高8000万元的专项资助,并在创业启动、项目研发、政策配套、成果转化等方面支持其创新创业。深圳市比较重视团队引进,2012年新引进海外高层次人才团队16个,其中7个团队入选广东省第三批创新科研团队,获省资助1.48亿元,累计入选广东省创新科研团队总数16个,占全省团队总数的近三分之一。

(3)产学研资源的大范围汇聚与共赢。作为改革开发的前沿阵地,深圳高新区具有国内其他地区所不具备的面向港澳台、走向全世界的地域优势、场域之利,而其大开大合的开放共赢环境更是有利于深圳高新区在更大范围内汇聚各种产学研资源。作为国际科学园协会成员单位和亚太经合组织科技园区,深圳高新区设立了“深圳国际科技商务平台”,目前已有33个国家和地区的46家海外机构入驻国际平台。深港合作是深圳高新区产学研合作的重要举措和主要特色之一。高新区积极推进“深港创新圈”工作,利用香港高等教育密集、金融发达、投资活跃、物流便捷和高端人才聚集的优势,加强与香港高校、香港科技园、数码港、香港生产力促进局、应用技术研究院的紧密联系,与香港科技园合作成立了深港创新圈互动基地,推进了香港中文大学、香港科技大学、香港理工大学、香港城市大学深圳产业化基地建设,加强和促进了深港两地科技、经济、人才、商贸领域的交流。合作对象的大范围集聚,扩大了本地科教创新工作的影响力,推动形成了大范围的创新要素集聚,将大大提高合作效果。

6. 创业服务:提供一站式服务,创建“博士俱乐部”。广东省高层次人才创业服务有两个典型做法:(1)“一站式服务”。2010年,广东省18个省直及中央驻穗部门联合制定并引发了《广东省引进高层次人才“一站式”服务实施方案》,

设立“广东省引进高层次人才‘一站式’服务专区”，整合了高层次人才创业、生活方面的23个项目，实行“一站式受理、一次性告知、一条龙服务”，极大简化了高层次人才来粤工作和创新创业需办理的各项手续；(2)“博士俱乐部”。2001年，广东省成立“博士俱乐部”。博士俱乐部主要有两项功能：一是成立“博士之家”，为博士建立一个相互交流、开拓思维、创新知识的平台；二是打造“科技顾问”，为企事业单位吸收人才、知识、技术提供完善、便捷、专业的服务，为企业研发提供顾问服务，帮助企业实现技术升级。“博士俱乐部”已从初期的百名会员发展到目前的4000多名博士会员；并得到原中组部李源潮部长认可，拟在此经验上筹建“千人计划”南方俱乐部，运用市场机制为海外高端人才创新创业提供综合服务。随后，2012年，“千人计划南方创业服务中心”成立，是致力于为“千人计划”专家和高层次人才创新创业提供综合服务的非营利机构。“中心”将建设成为服务功能完善、社会效益显著的创新创业服务平台，打造成为国内示范、国际知名的人才服务业品牌，为产业转型升级提供科技智力服务，不断孵化和培育新型科技企业，带动形成新兴业态，促进产生新兴经济增长点。

7. 生活保障：“1＋X”系列政策保障高层次人才生活。2009年，广东省出台了《广东省引进领军人才享受特定生活待遇暂行规定》，2010年广州市出台了“1＋10”系列政策，2008年深圳市出台了“1＋6”系列政策，对高层次人才生活的主要方面作了规定，保障了高层次人才在广东安居乐业。一般情况下，政府可为配偶安排工作，无法安排工作的可提供部分生活补贴；子女入学享受户籍待遇，可就近安排入学或为入读国际学校提供帮助，子女报考高中阶段学校可加10分投档录取；社会保险方面除享受用人单位人员同等待遇外，还可由单位购买商业补充保险；住房方面，广东省领军人才可获得税后100万元住房补贴；广州市对于特别优秀的海外高层次人才给予一次性30万元到100万元不等的安家费，通过购房补贴、购房贴息、住房补贴方式为高层次人才购租房提供资助。广州开发区为提升高层次人才的归属感，为他们特别发放了“高层次人才捷通卡”，作为享受绿色通道服务的身份凭证，可以在区内各政府部门、各公共机构享受绿色通道服务或贵宾服务，在约定的生活服务商业场所享受优惠折扣或贵宾服务。

(三)重点政策分析:广东省“创新科研团队和领军人才”计划

在高层次人才引进上,广东省比较重视科研创新团队引进,充分利用“三部两院一省”产学研合作框架和“哑铃型”国际科技合作模式广泛招纳国内外高端人才。2009 年,广东省在全国率先提出以团队模式引进海内外高层次人才,以充分发挥人才的集聚效应,实施了“创新科研团队和领军人才”引进计划。目前,引进创新科研团队和领军人才已经成为广东省招才引智的一块闪亮品牌,特别是首创由政府主导引进创新科研团队的做法,得到中组部的高度评价,在海内外的影响正在日益扩大。① 2012 年就引进创新科研团队 26 个,汇聚 174 名高层次人才,其中包括 2006 年诺贝尔化学奖获得者 1 名,国内外院士 7 名,“千人计划”入选者 10 名等一批领军人物。引进团队项目实施前 3 年,共引进 3 批 57 个团队,共已吸引高层次人才 1620 人,培养科研骨干 2109 人,带动集聚各类人才近 6000 人,“以才引才、以才育才、以才聚才”效益凸显。广东省“创新科研团队和领军人才”计划特色鲜明:

1. 引进团队要求严格。申报评审的创新科研团队不仅要具备良好的工作基础、研究方向、研究目标,符合广东省产业发展需求,而且对创新科研团队的组队也有一定要求,即创新科研团队必须由 1 名带头人和不少于 4 名稳定合作 3 年以上的核心成员组成,通过这条规定保证形成各施所长、优势互补、密切协作的人才集聚效应,增强研发创新合力。评审过程要求十分严格,过程规范:对于创新科研团队,按照“四个结合”的原则,即重点考察团队带头人学术水平和创新能力与团队核心成员的水平能力相结合、重点考察团队引进与项目引进相结合、重点考察团队和项目与广东产业发展需求相结合、重点考察团队创新需求与引进单位保障能力相结合,设计出评审各阶段的指标评价体系。根据《广东省引进创新科研团队评审暂行办法》和《广东省引进领军人才评审暂行办法》,团队评审按照“初审—匿名函审—现场评审”三个环节进行,领军人才按照评审的匿名通讯评审和现场评审两个环节进行。②

---

① 李玉妹. 加大引进力度,为“加快转型升级、建设幸福广东”提供人才支持和智力支撑——中共广东省委常委、组织部部长李玉妹讲话节选[J]. 广东科技,2012 年第 20 期,第 20—23 页.

② 任永花,李雪瑜. 广东引进创新科研团队和领军人才的探索与思考[J]. 科技管理研究,2011 年第 24 期,第 119—125 页.

2. 政府资金投入力度大。广东省高层次创新科研团队和领军人才工作主要围绕广东省发展战略性新兴产业急需紧缺的创新科研团队展开，2012 年省财政用于此项工作的专项资金比 2011 年翻一番，增加到 8.5 亿元。2009 年，一次性投入 4.38 亿元，引进首批 11 个团队和 14 名领军人才，其中给予世界一流团队 8000 万元专项工作经费资助，在高层次人才中引起强烈震撼。① 2011 年，第二批引进 20 个创新科研团队，包括诺贝尔奖获得者 2 名，诺贝尔奖评委 1 名。省财政一掷投入 5.97 亿元，给予入选团队 1000 万～8500 万元、领军人才 600 万元的经费资助，其中诺贝尔奖获得者梅洛教授领衔的基因沉默技术与治疗研发团队获得 8500 万元的最高经费资助。②

虽然不同省域之间在资金投入上因为统计口径上不统一而很难直接进行比较，但是还是能从这个数字看出其在创新团队引进上的支持力度。广东省引进的创新团队分为三个层次，最高层次的世界一流团队可获得 8000 万～1 亿元的省财政资助，而第三层次的国内先进创新团队也可以获得 1000 万～2000 万元的省财政资助。截至 2012 年，广东省财政已经投入了 17.73 亿元。而且除了省财政资助外，创新团队还可获得珠三角地区和其他地区有关市政府分别按照不少于省财政支持经费的二分之一、三分之一比例提供资金配套。因此，一旦一个团队被引进到企业或高校科研院所，其工作经费一定能得到充分保证。

3. 科研经费使用政策新。在创新团队的科研经费使用上，《关于实施〈广东省引进创新科研团队专项资金管理暂行办法〉的补充通知》(粤组通〔2010〕51 号)明确提出“省财政引进创新科研团队专项资金由原分期逐年拨付调整为一次性全额拨付到位”，这可以帮助解决创新团队研究初期资金紧缺的问题，因为研究初期需要购买仪器设备等，往往是资金需求量最大的时候；而且还规定“人力资源成本费支出比例最高可以占省财政专项资金总额的 30%”(这是国家标准的 2 倍)，这一条规定能充分调动人才的积极性，体现出广东省对人才本身的重视；还规定“经用人单位同意，团队带头人可支配不超过专项资金总额的 2%(由于经费额度较大，这个比例已经不低)的经费用于科研过程中未纳入预算的

① 李玉妹. 加大引进力度，为“加快转型升级、建设幸福广东”提供人才支持和智力支撑——中共广东省委常委、组织部部长李玉妹讲话节选[J]. 广东科技，2012 年第 20 期，第 20—23 页.

② 广东省科技厅办公室. 广东 5.97 亿揽人才 第二批引进 20 个创新科研团队，其中不乏诺贝尔奖获得者[J]. 广东科技，2011 年第 15 期，第 6 页.

其他支出”，给予团队带头人更多的经费自主权，这三条突破性规定亦属国内首创。2014年申报通告中规定，创新创业团队资助经费中100万元(税后)为住房补贴，由团队带头人支配使用；领军人才每名资助600万元，其中100万元(税后)作为住房补贴。

表3-2　广东省引进创新科研团队资助的三个层次①

序号	团队水平	研究方向和项目目标	资助金额(元)
1	世界一流	属国际重大科技、重大基础理论、重大应用研究问题前沿	8000万～1亿
2	国内顶尖、国际先进	属国内重大科技、重大基础理论、重大应用研究问题前沿	3000万～5000万
3	国内先进	属国内科技、基础理论、应用研究问题前沿	1000万～2000万

4. 紧扣区域经济发展需求和产业化方向。广东省创新科研团队和领军人才引进从一开始就注重项目的产业化及其与广东产业发展的契合度。②《2014年广东省引进创新科研团队和领军人才申报通知》中规定，引进团队和人才均分为“技术研发产业化”和“应用基础研究”两类，前者团队资助额度最高可达其项目预算的50%，而后者团队资助总额最高只能达本年度团队总资助额的30%。再以首批引进的12个创新科研团队和15名领军人才为例，其研究领域大多集中在生物科技、光电技术、智能信息以及半导体技术等方面，符合广东高新技术产业和新兴战略产业发展急需的科研和产业化项目需求。而在第二批团队申报和评审中，重点围绕产业化导向做到五个更加突出，即发布公告时更加突出产业化要求，团队申报中更加突出产业化目标，评审指标体系中更加突出产业化权重，邀请评审专家时更加突出产业化经验，现场评审中更加突出考察产业化情况。评审指标体系将团队项目产业化可行性、对广东产业发展带动作用等指标权重由首批团队评审的30%增加至55%，确保创新水平高且产业化前景好的团队能够脱颖而出。

---

①　资料来源：广东省引进创新创业团队专项信息网，http://cxtd.gdstc.gov.cn/.

②　张长生，刘殿兰，白丽．以产学研协同创新促进广东转型升级的实践与探索[J]．探求，2013年第5期，第111－115页.

表 3-3 广东省引进的首批创新科研团队和领军人才概览

序号	创新科研团队		领军人才	
	带头人	团队名称	领军人才	研究领域
1	张辉	人类病毒学研究团队	陈国良	信息与通信工程
2	甘子钊	宽禁带半导体研究中心团队	阿夫拉姆·赫什科	基因研究
3	杨焕明	国际肿瘤基因组研究团队	拉斯·奥尔夫·彼昂	全球气候变化与生态系统
4	张元亭	低成本健康技术创新团队	王兆凯	海洋生物微藻培育
5	江健儿	制浆造纸清洁生产技术团队	松阳洲	生命科学基础研究和技术创新
6	李泽湘	运动控制与先进装备技术国际研究团队	MikhailEremets（米哈伊尔）	高压科学与技术
7	盛司潼	高通量基因测序系统研发团队	区永祥	转基因技术
8	许跃生	计算科学科研团队	刘国军	聚合物纳米材料研究与开发
9	习宁	东阳光创新药物科研团队	丁胜	干细胞生物学
10	康飞宇	能源与环境材料研发团队	蒋庆	智能材料、智能结构、智能微机电装置系统
11	蒋庆	纳米力学和骨关节纳米工程创新科研团队	徐希平	遗传与环境流行病学
12			李胜峰	生物制药、抗体和多肽药物
13			任志锋	纳米材料科技
14			黄哲学	计算机技术
15			陈子莱	汽车研发

注：其中一个团队在引进时属涉密团队，故未列入此表。资料来源：任永花，李雪瑜. 广东引进创新科研团队和领军人才的探索与思考[J]. 科技管理研究，2011 年第 24 期，第 119—121/125 页。

第四章　海外高层次人才区域政策概况(Ⅱ)

第一节　湖北省海外高层次人才政策

(一)基本情况介绍

科教资源丰富、科研设施设备先进、科研人才众多,是湖北省创新驱动发展的条件优势和重要特点。如何把科教资源集聚的要素优势和潜在优势充分及时地转化为生产力,转变为实现创新驱动发展的重要依赖,“变现”为高新技术产业增加值,是湖北的重要课题。因而,近年来湖北不断推进科技、人才与经济发展的对接。湖北省曾诞生了我国第一家科技企业孵化器,目前孵化器已成为湖北科教、企业、资本、政府等多种资源的融合器。依托孵化器与创新服务平台,2013 年 6 月湖北省启动了“科技促进大学生创业就业”专项行动,通过“计划项目牵引、创新平台承载、孵化服务培育、创新投资引导”,扶持一批大学生科技创业,力促万名以上大学生就业。湖北创业水平综合指标也由 2013 年的全国第 22 位上升到 2014 年的第 15 位。在依托丰富的孵化经验促进创新创业的同时,湖北省还鼓励企业通过技术转移的方式促进创新发展,技术转移综合指标从 2013 年的 21 位上升到 2014 年的 15 位。目前湖北省逐步构建了较为理想的创业创新环境,但是同时值得注意的是,湖北省在知识创造环节的排名有所下降,知识创造能力的增长放缓,急需引进高质量人才加以补充。从研究结果来看，湖北省科技创新发展的重要特点是政府研发投入比例相对过大，但来自企业的研发投入比例在缓慢增长，如高校和科研院所研发经费内部支出额中来自企业资金增长率 2014 年达到 12.73%，由 2013 年的第 25 位上升到 2014 年的第 17 位。① 湖北综合科技进步水平指数虽然在全国处于中游水平，但在中部六省中一般年份居于排名第一的位置，并逐渐接近全国平均水平。

近年来，湖北省依托高校科研院所众多和东湖高新区成为国家自主创新示范区的优势，高层次人才的引进和培养工作突飞猛进，在中部地区独领风骚，大有追赶并赶超东部地区的态势。截至 2011 年底，湖北省人才队伍总量达到 640 多万人，在鄂两院院士 61 人，入选中央"千人计划"114 人，入选省"百人计划"89 人，12 人入选国家"973"计划首席科学家。湖北省委、省政府分别于 2008 年和 2010 年印发了《中共湖北省委 湖北省人民政府关于加强高层次创新创业人才队伍建设的意见》和《湖北省中长期人才发展规划纲要(2010—2020 年)》，提出实施"551 计划"，带动建设一支数量充足、素质优良、专业优化并满足自主创新、产业升级、经济发展的高层次创新创业人才队伍。截至 2012 年，湖北省入选中央"千人计划"共 114 人(2013 年年底已达 175 人)，"百人计划"引进海外高层次人才 89 人。② 需要指出的是，创新驱动发展中以新技术、新产品、发明专利等商业化应用成果产出为主的民营中小型企业才是创新驱动发展过程中的主力军，而事实上湖北省的中小企业在创新资金投入、创新人才集聚、创新基础平台资源获取等方面都处于劣势。③

为实现"551 计划"，湖北省于 2009 年出台了《湖北省引进海外高层次人才实施办法》，开始实施"湖北省百人计划"，用 5～10 年时间引进 200 名左右紧缺的高层次海外创新创业人才，入选人才每人可获得 50 万到 100 万不等的资金支持。2008 年，湖北省委组织部印发了《"湖北省重点产业创新团队计划"实施办法》，决定从 2008 年起，用 3 年时间，建设 100 个左右"重点产业创新团队"和

---

① 中国科技发展战略研究小组. 中国区域创新能力报告 2014[R]. 北京：知识产权出版社，2014 年版，第 205 页.

② 朱世荣，曹宏霞. 湖北省引进海外高层次人才优势分析[J]. 科技创业月刊，2013 年第 2 期，第 68—70 页.

③ 王璇. 创新驱动湖北发展战略研究[D]. 武汉：武汉理工大学硕士学位论文，2013 年，第 24 页.

100名左右“创新团队带头人”。2009年,湖北评选确定了35个“湖北省重点产业创新团队”,之后与“湖北省自主创新岗位计划”合并,实施湖北省自主创新“双百计划”。2010年,湖北省人保厅印发《湖北省自主创新“双百计划”实施办法(试行)》,实施湖北省自主创新“双百计划”,2011年(第一批)共确定了36个资助创新“双百计划”项目。湖北省引进海外高层次人才的主要行业产业是光电子技术、新能源、新材料、环保、生物工程、信息科学等支柱产业和战略性新兴产业。

武汉市于2010年实施“黄鹤英才计划”,有重点地引进和培养具有世界领先水平的创新团队核心成员或领军人才,具有国内领先水平的高层次创新创业人才。2011年首批已经成功引进33位高层次人才及其项目,给予总计5310万元的资助。2009年,中共武汉市委、武汉市人民政府印发《关于在武汉东湖新技术产业开发区建设“人才特区”的若干意见》,决定在东湖高新区探索建设“人才特区”,并由东湖高新区于2009年实施“3551人才计划”,重点引进光电子信息、生物、清洁技术、现代装备制造、研发及信息服务业五大产业人才(团队),截至2012年7月,共引进“3551人才”431人(团队)(其中外籍人才147人),共投入人才专项资金5.213亿元,其中对人才项目无偿资助4.813亿元,人才工作阶段性成效显著。

(二)政策特点分析

1. 以科研优势发展产业,以产业引才留才。光电子信息产业是武汉东湖高新区的绝对优势产业,在全国具有举足轻重的地位,而“光谷产业”的发生发展与武汉的科研基础和科研优势密不可分。首先得益于武汉邮电科学研究院在光通信技术领域的研究。“邮电院”是中国光通信的发源地,在光纤通信领域具有极强的研发实力,参与了几乎所有的“863计划”和国家重点科技攻关项目中关于光纤通信方面的研究,因此邮电院对东湖高新区发展光谷产业提供了研发和技术基础。其次得益于武汉地区雄厚的科教优势。武汉市拥有包括武汉大学、华中科技大学在内的80余所普通高校,在校生120余万人,56个中央及省部属科研院所,国家实验室1个(武汉国家光电实验室),国家级重点实验室11个,10个国家工程技术中心和700多个技术研发机构,高校为光谷产业发展既提供了产业研究基础,又输送了产业发展人才。最后得益于专家和领导的重视。1998年,华中科技大学黄德修教授向武汉市科委递交了《关于将武汉东湖新技术开发区建成“中国光谷”的建议》,引起湖北省、武汉市领导重视;2000年,“光谷”正式启动;同年5月,杨叔子、熊有伦、赵梓森、周济等26位在汉院士联名签字,请求党中央、国务院批准在武汉建设国家级光电子信息产业基地——“中国光谷”;2001年,科技部正式批复同意在武汉建设国家级光电子与信息产业基地。因此,从光谷的诞生过程看,高级专家积极为地方发展谋划出力,起了至关重要的作用。目前,光谷已建成中国最大的光纤光缆制造基地、中国光通信领域重要的科研开发基地。

生物产业是东湖高新区未来发展的另一重点产业。2007年,武汉国家生物产业基地——武汉光谷生物城获国务院发改委批复,成为全国22个国家级生物产业基地之一。在确定发展生物产业的过程中,武汉市同样综合考虑了其具有的雄厚的科研优势。武汉拥有全国唯一P4生物实验室,有生物领域两院院士15人,与生物医药相关的国家重点实验室5个,部委开放实验室17个,重点工程技术中心4个,每年武汉毕业的生物类相关专业毕业生6万余人,这为武汉打造生物产业集聚了巨大的科研和人才优势。2008年,东湖高新区从零开始光谷生物城基础设施和配套设计建设,到2011年生物城整体规模凸显,形成了“一城六园”的格局,已聚集生物企业304家,引进了辉瑞、华大基因、人福医药等知名生物医药企业。

可以说,武汉光谷产业和生物产业的兴起和发展与武汉科研院所众多、科研优势突出密切相关,为产业技术创新注入了持续的动力。反过来,产业的发展与壮大需要人才的不断支撑,产业优势又成为吸引人才的优势。之前,武汉虽然是人才培养基地,但是由于产业发展不足而对人才的容量和吸引力有限,高校毕业生大量流失;近年来随着高新技术产业的发展,学生毕业后就可在武汉工作、创新创业,形成“科研—产业—人才”互动发展的良好态势。

2. 引才渠道:创建引才品牌,“华创会”成为全国三个引智平台之一。“华创会”是由国务院侨办、湖北省暨武汉市共同主办的涉及科技、经济与人才的主题活动,通过项目推介、合租洽谈、专场交流等系列活动,为海内外参会人员搭建人才、技术、项目、资金及经贸交流合作的平台,每年6月份在武汉举行,“华创会”期间专门设置海外高层次人才创业发展论坛,向海外华侨华人、海外学人宣传推介湖北经济社会发展和人才引进政策方面的情况。“华创会”得到中央和省领导的高度重视，国务院侨办、中组部人才局、外专局领导、省委书记、省长等都会悉数列席会议。2011年，中央人才工作协调小组正式将湖北"华创会"列为全国重点打造的四个重要引才引智平台之一。目前，"华创会"已成为中部地区各省招才引智的重要平台，积极为中部崛起服务。2012年第十届"华创会"成果丰硕，共签订引进海外高层次人才及高新技术项目120个，引进海外高层次人才65人，90%以上进入企业和开发区，一批海外高层次人才还在武汉创办高新技术企业50家。

3. 投融资：深化科技金融改革，全力打造"资本特区"。作为第二个国家自主创新示范区，东湖高新区积极开展科技金融改革试点，全力打造东湖"资本特区"。①支持投融资机构发展。2011年武汉市相继出台《武汉市人民政府关于支持武汉东湖新技术开发区打造资本特区的意见》、《促进资本特区股权投资产业发展实施办法》、《促进资本特区融资租赁业发展实施办法》等系列政策，通过奖励、税收补贴等形式鼓励各类金融机构入驻东湖高新区，开展投融资业务。②获"新三板"扩容试点。2012年7月，东湖高新区申请"新三板"扩容试点获国家批准，进入"新三板"后备的企业超过200家，这将促进高新区内企业实现最快速的融资。③实行知识产权、专利质押贷款试点。专利质押贷款项目一般通过湖北省专利投融资综合服务平台与银行对接获得银行贷款。2008年开展高新区专利质押融资试点工作以来，已有39家科技型中小企业争取专利质押贷款3.33亿元。④实行中小企业集合贷款。由湖北省科技投资集团公司下属的生产力促进中心作为中小企业集合贷款的主体，负责集合贷款统借统还，武汉光谷基金公司作为担保主体为集合贷款提供担保，各借款企业作为最终用款人使用并偿还贷款利息；同时，也可以由商业银行向用款企业直接发放贷款，由武汉光谷基金公司提供担保，企业使用并偿还贷款本息，①5家"3551人才计划"入选企业已经获得首批集合贷款，共计7500万元。

4. 产学研合作：开发"产学研人才"，共建产学研基地。武汉市充分挖掘科研院所优势和高新区优势，推动产学研合作，效果显著。产学研合作的根本是推动协作主体间的创新要素互联互通，尤其是打破人才本身原有的身份限制，使其发挥最大效用。①鼓励"产学研人才"。所谓产学研人才，即既隶属高校、

---

① 东湖高新推"中小企业集合贷". http://news.hexun.com/2011－05－20/129815823.html.

科研机构，又在高新区创办企业的人才。目前431名“3551人才”中有143名是“产学研人才”。近期，武汉市还出台了《市委、市政府关于实施创新驱动战略加快建设国家创新中心的意见》，提出“允许和鼓励高等院校、科研院所、国有企业、事业单位创新人才离岗创业，对离岗创业人员给予3年保护期。保护期内，其原有身份和专业技术职称予以保留，原单位不得与其解除聘用合同，档案工资正常晋升；原单位较高等级专业技术岗位出现空缺的，应允许符合岗位竞聘条件的离岗创业人员回原单位参加竞聘上岗”。这一规定的出台会更加促进高校教师到企业创新创业。②鼓励“3551人才”担任高校教授。这不仅可以创新人才培养环节，提高学生素质，而且企业可以招聘学生到企业实践，低成本发掘和培养人才，从而又帮助高校解决就业问题。③共建产学研基地。主要采用两种方式推动产学研实体建设。一种是“武汉生物技术研究院”方式。武汉生物技术研究院由武汉市政府、武汉大学、华中科技大学、华中农业大学、中科院武汉分院和企业共同出资组建，由武汉大学负责具体运行，通过专家委员会评审引进项目，从而既承担产业技术研发的功能，又承担孵化器的功能。另一种是借助武汉未来科技城建设，专门建立一块“大学科技园(城)”，吸引武汉地区大学研发中心、技术转移中心入驻。

5. 人才激励：个税返还力度大，提出绩效与增值权奖励。①人力资本作价出资政策。规定经东湖高新区认定的高层次人才可将研发技能、管理经验等人力资本以及知识产权作价出资创办、联办高新技术企业，最高可占注册资本的70%。②个税返还奖励政策。在东湖高新区，企业副总以上人员或主任级科研人员，年薪在15万元以上的，可享受个税返还奖励，标准为其所缴纳的个税中市、区二级留成的100%。2011年和2012年上半年，高新区已经对1500人实行了个税返还，共达到3000万元。③股权和分红鼓励。《东湖国家自主创新示范区企业股权和分红激励实施办法》及《工作细则》规定可以对企业高层次人才进行股权激励和分红激励，除此之外，还可以进行绩效奖励和增值权奖励，其中后两种激励是东湖高新区的创新，中关村并未提出执行。

6. 生活保障：创建高层次人才服务联盟，实施“人才项目专员服务”计划。①高层次人才服务联盟。2010年，东湖高新区成立了高层次人才服务联盟，区组织部联合人才与创业办、武汉留创园、汉口银行光谷支行等23个单位组成，为高层次人才落户、创业提供绿色通道。②“333”会人才项目对接平台。“333

会”,即每个月第三周星期三下午3点开展人才项目对接活动,光谷高层次人才可携带项目,与风险投资机构、银行等进行项目对接,获得融资支持。③“人才项目专员服务”计划。东湖高新区管委会专门招聘工作人员,经培训后派驻高层次人才创业企业,为他们创业提供全方位的服务。目前已派遣了11名人才服务专员,所有经费由东湖高新区承担。

(三)重点政策分析:武汉光谷“3551人才计划”

2009年2月,武汉市委、市政府决定在东湖高新区建设“人才特区”,并实施“3551人才计划”,力争用3年时间,在光电子信息、生物、环保节能、高端装备制造、现代服务业等五大产业,引进和培养50名左右掌握国际领先技术、引领产业发展的科技领军人才,1000名左右在新兴产业领域从事科技创新、成果转化的高层次人才。2012年,为加快构筑武汉国际性人才高地,发挥东湖高新区人才特区的引领示范作用,打造与国际接轨的“人才特区”,东湖高新区决定在延伸和拓展“3551人才计划”的基础上实施“3551光谷人才计划”,加大政策力度,优化支持方式,拓展引才领域,为人才特区建设提供更完善的激励、服务、生活保障等措施,使人才特区建设长期化、常态化。“3551人才计划”主要在八大领域引才,光电子信息产业、生物产业、环保节能产业、高端装备制造业、现代服务业、金融财务领域、高端管理人才和高端中介服务人才,基本上是围绕东湖区光谷建设需求设计。以“武汉·中国光谷”而闻名的东湖高新区,是全国第二家国家自主创新示范区,也是中组部、国资委批准建立的四家“中央企业集中建设人才基地”之一(其他包括浙江海创园、天津滨海科技城和北京未来科技城)。

1.“3551人才计划”引才二十大举措。(1)设立了人才特区领导小组办公室,专门为海内外高层次人才到示范区创新创业提供全方位周到服务。(2)设立了人才特区专项资金,每年投入不少于4亿元(人民币,下同),为高层次人才引进和培养提供强有力的支持。(3)积极实施“3551光谷人才计划”,对入选“3551光谷人才计划”的高层次人才,给予最高300万元项目启动资金和100万～1000万元光谷人才基金投资支持。(4)优先推荐高层次人才申报国家“千人计划”、省“百人计划”,对示范区入选的国家“千人计划”、省“百人计划”,分别给予300万元和100万元的配套资金支持。(5)成立高层次人才服务联盟,搭建高层次人才项目对接平台,组织人才沙龙,建立人才活动(服务)中心,整合多方资源，定期组织东湖国家自主创新示范区“333会”，进行人才项目相关的金融、产业配套、人力资源、技术融合等交流对接。(6)成立“光谷菁英荟”，为人才企业组建有价值的事业圈，提供项目、技术、资本等服务，汇聚社会资源、行业信息、合作渠道，实现人才的自我管理、自我服务、自我凝聚。(7)为高层次人才到示范区创办企业，提供一站式服务。示范区已为海内外高层次人才的初创企业配备一批专业的行政助理(人才服务专员)，协助处理企业公司注册、日常行政、人力资源管理、公共关系、项目申报等工作，所涉及人员的各项费用全部由示范区承担；专门开通3551光谷人才网(www.3551.org.cn)及新浪、腾讯微博@中国光谷人才特区、微信中国光谷人才特区，方便大家了解“3551光谷人才计划”最新政策与进展。(8)为高层次人才到示范区创办企业提供孵化平台，目前已有留学生创业园等各类孵化器、加速器33家，孵化总面积达300万平方米，在孵企业可享受各类孵化政策和专业服务；推荐高层次人才入驻武汉未来科技城，武汉未来科技城将为企业创新创业提供各类优质服务。(9)推荐参加东科创星CEO培训班，为长于技术创新、短于企业管理的创业者推出“CEO”培训计划，将“创业科学家”培养为“创业企业家”，通过“免费创业培训＋天使投资”模式，从中选择项目进行天使投资。(10)高层次人才可通过人力资本作价出资、知识产权作价出资创办、联办高新技术企业。试行企业股权和分红激励，鼓励企业以股权奖励、股权出售、股票期权、分红激励等方式对重要的技术人员和企业经营管理人员实行激励。(11)实行知识产权质押贷款，建设企业信用体系，推行与各大商业银行光谷科技支行信用贷款战略合作、信用保险试点，高层次人才创办的科技企业，可无需抵押和担保，优先申请信用贷款。推动设立人才创新创业投资公司，引导社会资本为“3551人才”项目提供投融资支持，形成多元化的人才开发投入机制。(12)建立高层次人才职称评定绿色通道，高层次人才申报专业技术职称不受资历、工作年限等条件限制。鼓励用人单位以岗位聘用、项目聘用、任务聘用、项目合作等多种方式引进高层次人才。(13)建立武汉·中国光谷自主创新会计服务示范基地，对人才企业提供政府采购会计服务。(14)支持人才企业参与国家重大科技专项，协助其争取国家创新基金，省市及示范区相关产业发展资金的支持。推动实施首台(套)重大技术试验装备政府采购等政策，推广应用自主创新产品，支持企业自主创新。(15)鼓励高层次人才积极参与以创新创业为主要目的的国际性高层次学术、技术交流活动，并择优给予资助或补贴。(16)鼓励国家及省级实验室、工程(技术)研究中心、公共研发平台、企业技术中心引进和培养高层次人才,开展技术创新活动。对新批准设立的企业博士后科研工作站和企业博士后产业基地,给予支持。(17)高起点、高规格建设"国际精英社区"、"人才公寓"、"人才社区",为高层次人才住房租赁、购买提供优惠政策,为高层次人才生活创造良好的人文环境,解决后顾之忧。(18)为不愿意改变户籍或国籍的高层次人才及其家属办理《高层次人才居住证》,享受武汉市市民待遇。(19)建设国际学校,高层次人才子女可在高新区内自由选择义务教育阶段学校就读,解决其子女入托、入学问题;建设国际医院,提供良好的医疗服务,为高层次人才本人办理优诊优疗卡,符合相关条件的领军人才,可享受厅局级医疗待遇。(20)高层次人才取得的发明专利和科研成果,优先推荐参评国家、省市有关科技奖项。对做出突出贡献的高层次人才,优先推荐其参加国家、省市有突出贡献中青年专家和享受国务院特殊津贴、省市政府专项津贴人员的评选。对做出突出贡献的外籍人士,可按有关规定优先推荐其申报"国家友谊奖"、湖北省"编钟奖"和武汉市"黄鹤友谊奖"等奖项。

2."3551 人才计划"引才成果。2009 年以来,东湖高新区共投入人才特区建设专项资金达 7.64 亿元,其中对人才项目予以无偿资助 6.96 亿元,共引进和培养高层次人才 10000 多人,35 人入选国家"千人计划",102 人入选省"百人计划",772 人(团队)入选"3551 光谷人才计划",在企业工作的博士人数超过 6000 人,5 年增加量超过前 20 年总和的 2 倍。可以说,武汉市甚至湖北省入选国字号人才工程的人数有很大比例集中在东湖光谷。2014 年 11 月 9 日,武汉东湖高新区正式启动第八批"3551 光谷人才计划"申报工作。① 近 5 年,东湖高新区累计投入人才专项资金 10 亿元,吸引了一大批背景领域不同的海内外高层次人才前来创新创业。5 年来,在东湖创新创业的高层次人才中有 230 人入选国家"千人计划"。2013 年,"3551 人才"企业总收入达 453 亿,占东湖高新区企业总收入 7%。税收 17 亿元,增长近 4 亿元,高出东湖高新区企业整体税收增长率 10 个百分点。

本批"3551 光谷人才计划"不仅首次将高端财务、营销类人才纳入资助范

---

① 资料来源:中国科技部官方网站,http://www.most.gov.cn/dfkj/hub/zxdt/201412/t20141223_117079.htm.

围，其最大的变化和亮点是设立了亿元规模的光谷人才基金，企业的资助由原有单纯的无偿资助变为“无偿资助＋股权投资”的资助方式。股权投资通过光谷人才投资基金有限公司进行，目前公司已经成立，首期规模 1 亿元。2015 年 2 月，湖北省第五批“百人计划”入选名单正式公布，共有 66 名海外人才（团队）入选，武汉市有 32 名海外人才（团队）入选。此次东湖高新区有 31 名海外人才（团队）入选，占全市入选人才比例 96.875％，其中，创业人才 12 人（全省创业人才都来自于东湖高新区），企业创新人才 11 人，“外专百人”2 人，创业团队 6 个（全省创业团队都来自于东湖高新区）。

“百人计划”2014 年首次设立创业团队项目，引进的创业团队项目包括武汉锐科公司激光器研制团队、武汉汉迪智能机器人研发团队、武汉虹拓飞秒激光器研发及产业化团队、武汉智慧城市研究院智能 CMDS 图像传感器芯片研发团队等六个团队。他们都是来自于东湖高新区未来科技城的高端人才创业团队，带头人技术创新能力领先，主导的产品技术含量高、市场竞争力强。湖北省将给予每个团队 200 万元至 300 万元资金扶持。其余入选人才也是东湖高新区从美国、英国、德国、荷兰、加拿大以及新加坡等国引进的海外高层次人才，在光电子、集成电路、通信、新药研发以及新材料等领域均取得一定成就。“百人计划”是湖北省引进急需紧缺海外高层次创新创业人才的高端品牌，入选者将获得 50 万至 100 万元补助，被授予“湖北省特聘专家”称号，并在出入境、居留、子女入学等方面享受相关优惠政策。2009 年启动至今已引进五批共 321 人（团队），其中，东湖高新区引进 133 人（团队）。

3.“以用为本”的评审评价机制。人才以用为本的基本出发点是注重引进人才真正发挥作用，以提升人才工作效果，杜绝人才引进中的数量化、政绩化。为确保“3551 人才计划”的公正性、科学性和权威性，推动人才评价工作科学规范发展，东湖高新区务求“选得准”，严格选才标准，完善评估体系，规范评审程序，探索建立科学规范的人才评价体系。① “3551 光谷人才计划”评审围绕五大产业，将申报人才分组评审，重点从完善产业链上下游配套，形成产业节点的角度评选人才，实现人才以产业为平台，产业借人才促发展，着力保障人才评审科

---

① 周飞，熊爽．聚全球人才　做世界光谷——武汉东湖高新区打造“人才特区”两周年巡礼[J]．中国高新区，2011 年第 5 期，第 68—71 页．

学化、规范化。在具体评审过程中，根据不同的申报类型，制定不同的评审指标，创新人才偏重考核人才技术创新能力和企业对人才支持情况，创业人才偏重考核人才创办企业的成长性和风投认可情况，金融管理人才偏重考核人才在金融及管理方面的水平和业绩。①

第二节　浙江省海外高层次人才政策

(一)基本情况介绍

据《中国区域创新能力报告 2014》研究②，浙江省 2014 年创新能力排名全国第五，其中，知识创造综合能力位列全国第五，知识获取综合能力第八，企业创新综合能力第二，创新环境综合能力第六，创新绩效综合能力第八。2013 年 5 月，浙江省委做出了坚持创新驱动发展战略加快推进创新型省份建设的决定，旨在推动浙江省从“要素驱动”向“创新驱动”转变，力图解决其经济增长过多依赖低端产业、低成本劳动力以及资源环境消耗的问题。浙江省积极吸引海归来浙落户创业；大力推动高等教育朝着社会需求、市场需求的方向改革，深入实施“高水平大学建设工程”③；扎实推进科技与金融紧密结合，加快形成多元化、多层次、多渠道的科技创新投融资体系；鼓励企业“引进来，走出去”，更好地利用国内外创新资源；大力引进大院名校共建创新载体，支持中国科学院宁波材料所、浙江清华长三角研究院、浙江大学国际校区等创新载体的建设和发展。

总体来看，浙江省拥有较好的创新创业氛围，中小型企业的不断涌现及深厚的浙商文化底蕴为浙江省经济社会发展带来的充足活力，其企业综合创新指

---

① 武汉东湖新技术开发区组织部人才办.武汉光谷：探索科学的人才评审机制[J].中国人才，2014 年第 1 期，第 48—49 页.

② 中国科技发展战略研究小组.中国区域创新能力报告 2014[R].北京：知识产权出版社，2014 年版，第 181 页.

③ 根据《浙江省人民政府关于实施省重点高校建设计划的意见》精神，2014 年 11 月，浙江省正式启动“省重点高校建设计划”，全省遴选一批高水平大学，并规定入选第一批重点建设高校将不超过 5 所。2015 年 4 月 7 日，浙江省人民政府办公厅公布了第一批省重点建设高校名单，中国美术学院、浙江工业大学、浙江师范大学、宁波大学、杭州电子科技大学等 5 所高校上榜。

数位于全国领先地位，无论国有企业还是民营企业都有强烈的创新冲动，但相对匮乏的科技、教育资源使得支撑创新的科技供给能力不足。劳动力受教育程度不高，技能型人才少；草根企业家多，能驾驭全球化市场经济、引领创新发展的现代企业家较少。科技资源相对匮乏，大院大所不足，高新技术行业发展不充分，企业规模相对较小，使得浙江省在海外高层次人才引进中的绝对优势并不明显。因此，高层次人才的引进和储备成为浙江省创新驱动发展的关键。

浙江省海外高层次人才引进工作在国内属于起步早、措施多、成效好的"第一阵营"，已经逐步形成了海外高层次人才引进制度的系统化、规范化和规模化。截至2014年9月，浙江共引进本省"千人计划"人才939名，其中入选国家"千人计划"333名，入选总数占全国的8.0%。在历年引进的"千人计划"人才中，创新类人才653名，创业类人才286名，88.2%的引进人才有海外博士学位。其中，企业引进的"千人计划"人才占比过半数，达543名，此外，高校引进331名，科研院所引进65名。"千人计划"人才的学科专业与浙江省重点产业发展、重点学科建设的契合度也日益提高，70%以上集中于新能源、新材料、生物医药、电子信息及物联网等行业。在"千人计划"的影响下，来浙江创业创新的海外高层次人才也快速增长。五年来，来浙发展具有硕士以上学历的海外人才累计达1.2万余人，仅2013年就达3897人，较2009年增长164%。①

20世纪90年代中期以来，浙江为吸引海外留学人才归国服务，先后出台了十多项直接针对海外人才或涉及海外人才的意见、规定和规划，并相继出台了系列的海外人才引进计划。1996年浙江省人事厅发布《关于鼓励出国留学人员来浙江工作的意见》，是可查的浙江省引进海外人才的最早文件。《意见》对留学人员的范围作了界定，对向留学人员提供的优惠政策，如住房、就业、配偶、经费等方面作了相应规定。1999年，浙江省人民政府发布《浙江省大力引进国内外人才的若干规定》，提出了更加优惠的引进条件和更加方便的引进手续，标志着政策日渐，而后的海外人才引进政策基本是在此基础上的补充和细化。2001年，省政府发布《浙江省人民政府关于引进海外高层次留学人才的意见》，这是浙江省第一次鲜明地提出引进"海外高层次人才"。《意见》提出建立引进海外

---

① 吴振宇. 浙江"千人计划"五年引进人才939人　超八成海外博士[EB/OL]. 浙江在线，http://zjnews.zjol.com.cn/system/2014/09/03/020236276.shtml，2014-09-03.

高层次人才的“绿色通道”，在人员编制、工资、户口、出入境等方面提供特殊政策。此时的“海外高层次人才”与1996年《意见》中“出国留学人员”的基本范围相同，只是特别规定了重点引进几类浙江省急需的人才类型。2006年，浙江省人民政府发布《浙江省“十一五”引进国外智力规划》，并将此规划列入《浙江省“十一五”规划编制体系目录》，可见浙江省对引进海外人才的重视，规划主要包括“十一五”期间的引智目标、重点领域、主要任务、保障措施等。

2009年，浙江省印发《关于大力实施海外优秀创业创新人才引进计划的意见》和《浙江省“海外高层次人才引进计划”暂行办法》，标志着“浙江省千人计划”正式开始实施。浙江省海外高层次人才引进计划提出，未来5～10年内，依托重大科技专项、公共创新平台、重大建设工程、重中之重学科和重点学科、重点实验室、高新技术产业开发区和留学人员创业园区，引进并重点支持300名左右的战略科学家、科技领军人才和创业人才等海外高层次人才。2010年初，浙江省人力资源和社会保障厅出台了《浙江省海外高层次人才引进计划》，计划目标“从2009年起，用5～10年时间，引进并重点支持1000名海外高层次人才”，并已于2009年先后开展了“浙江省海外高层次人才引进计划”第一批和第二批人才遴选工作。此计划对入选对象更加严格，要求入选对象“一般应在海外取得博士学位，年龄不超过55岁，引进后每年在国内工作时间一般不少于6个月”，对海外高层次人才在国内工作做了较多的硬性规定，并将人才分为创业人才和创新人才。从相关符合条件来看，可以称为真正的“海外高层次人才”。

浙江省从省到市、县都极为重视高层次人才工作，积极出台并实施相关人才政策，逐步形成了覆盖全省的较为完善的政策体系。2008年出台了《中共浙江省委办公厅 浙江省人民政府办公厅关于加快推进创新团队建设的意见》，并于2009年开始遴选省内重点创新团队，目前已分三批遴选了275个省重点创新团队。浙江省委办公厅、省政府办公厅制定《关于在推进经济转型升级中充分发挥人才保障和支撑作用的意见》(浙委办〔2009〕14号)、《关于大力实施海外优秀创业创新人才引进计划的意见》(浙委办〔2009〕73号)、《浙江省“海外高层次人才引进计划”暂行办法》，要求加强浙江省海外高层次人才引进工作力度，2010年加大了力度实施省“海外高层次人才引进计划”(以下简称“省引才计划”)。此外还出台了《浙江省“钱江人才计划”管理办法(试行)》(2007)，实施“钱江人才计划”；出台了《浙江省海外高层次人才居住证管理暂行办法》

(2011),为符合条件的海外高层次人才颁发“红卡”,使其可以享受市民待遇。浙江省各地市也出台了各具特色的海外高层次人才引进计划,在部分地级市的区县政府和开发区也出台了诸多的优惠政策。全省11市、90县都出台了人才规划纲要,11市都出台了海外高层次人才引进的政策,形成了上下联动的良好引才局面。

表4-1 浙江省各市高层次人才计划

地区	高层次人才计划或政策	出台年份
杭州	《杭州市全球引才“521”计划实施意见》	2010
宁波	《关于实施海外高层次人才引进“3315计划”的意见》	2011
温州	《温州市“580海外精英引进计划”实施办法》	2011
绍兴	《绍兴市“330海外英才计划”实施办法》	2010
台州	《台州市海外优秀人才引进计划实施办法》	2011
嘉兴	《“创新嘉兴·精英引领计划”实施办法(试行)》	2009
湖州	《“南太湖精英计划”实施意见》《中共湖州市委办公室 湖州市人民政府办公室关于深化“南太湖精英计划”加快引进高层次创业创新人才的实施意见》	2008/2013
金华	《中共金华市委 金华市人民政府关于实施海内外英才引进计划的意见》	2010
衢州	《关于引进海内外领军型创业人才的意见》	2008
舟山	舟山创业创新领军人才暨群岛“千人计划”	2011
丽水	《丽水市“绿谷精英和创业创新团队引领计划”实施意见》	2012

注:部分地区没有专门针对海外人才的人才计划,表中所列为各地区比较典型、较早出台的高层次人才计划。

浙江省政府除出台具体的引进海外人才的政策外,在总体的人才工作上都会重点提出“引进海外人才”。2004年,浙江省政府颁布《关于大力实施人才强省战略的决定》,提出“积极做好留学和海外高层次人才的引进工作。贯彻鼓励留学人员‘回国工作’和‘为国服务’的方针,大力吸引留学人员来我省工作和服务,重点吸引高层次人才和紧缺急需人才”。2006年,省政府颁布《浙江省“十一五”人才发展规划》,提出“加强海外留学人员引进工作”,提出加强留学人员创业园建设、投融资平台建设,完善人才评价等,对海外人才引进工作明确了发展方向。《浙江省中长期人才发展规划纲要(2010—2020年)》提出“加快引进海内外高层人才智力”,“建立人才引进联络站”、“海外高层次人才引进驿站”、“海外高层次人才信息库和需求信息发布平台”等,规划纲要涉及海外高层次人才引进的活动、方式、方法、载体、机制等多个方面,为海外人才引进未来十年工作提供了指南。

进入21世纪,浙江省先后出台了涉及海外人才引进的三个重要人才计划,分别是浙江省“新世纪151人才工程”(2001—2010)、浙江省杰出青年基金项目、“钱江人才计划”,其中“钱江人才计划”是专门引进海外高层次的计划,前两者计划将海外高层次人才作为人才的一类列入人才计划。浙江省“新世纪151人才工程”(2001—2010)是“151人才工程”的延续,旨在选拔浙江省年轻一代高层人才的代表,以加快实施人才战略,全力推进新世纪人才工程,到2000年,“151人才工程”已经选拔第一层次培养人员38名,第二层次培养人员491名。“新世纪151人才工程”将“回国工作取得较大成绩的海外高层次留学人员”作为选拔和培养人才之一。浙江省基础青年基金项目支持“在基础研究方面已取得突出成绩的我省青年学者自主选择研究方向开展创新研究,促进青年科学技术人才的成长,吸引国内外优秀青年人才到我省工作,培养造就一批进入国内外科技前沿的优秀学术带头人”。省杰出青年基金项目研究期限为3～4年,资助经费一般为35万～50万元。“钱江人才计划”主要择优资助近期回国来浙江工作和创业的海外留学人员及团队,按照《浙江省“钱江人才计划”管理办法(试行)》对申请条件、申报、审评、责任义务都作了较为具体的规定。为推进海外高层次人才引进计划的实施,浙江省财政设立引进海外高层次人才专项资金,用于对引进海外高层次人才的生活补助、科技研发或创业活动的资助,额度不断扩大。此外,各地区、各区县海外高层次人才引进资金规模呈上升趋势,项目资助和生活补助水平相当可观,杭州市滨江区给予海外高层次人才的创业启动资金为500万元,特殊项目上不封顶。

政策视角:最近中央推出的“青年千人计划”申报评审工作步骤

由教育部、科技部、人力资源和社会保障部、中科院、中国工程院、自然科学基金委联合设立平台,设有专项办公室。第一步,用人单位和海外人才达成引进意向后,按要求填写申报书,向平台提出申请;第二步,由平台组织专家进行通讯评审后，分批次组织会议评审，以面谈方式议定拟引进人才名单，并在一定范围内进行公示；第三步，对公示异议人员，由海外高层次人才引进工作专项办公室组织专家复审；第四步，海外高层次人才引进工作小组批准引进人才名单。

(二)政策实施特点

1. 形成了若干稳定的引才渠道。①做好海外宣讲。浙江省层面和各地方政府都会率团到海外开设宣讲会，宣传当地引才政策和经济发展环境，最直接建立与海外高层次人才交流渠道，进行项目对接。从实际效果看，这类造势活动对海外高层次人才加深当地印象是极有成效的。例如，2011 年在美国硅谷和纽约举办的“浙江民营资本与海外智力对接活动”共吸引了海外高层次人才 2000 多人，现场签订合作项目 119 项。②建好海外联络站，聘好“人才天使”。2010 年以来，浙江省在海外依托海外留学人员组织、华人组织建立了多个海外高层次人才引进联络站，并聘请了“人才天使”，帮助浙江省长期招聘延揽海外高层次人才。截至 2011 年底，全省设立海外引才联络站 141 个，聘请引才大使、顾问 165 人。③办好国内引才品牌。目前浙江省着力打造“浙江·杭州国际人才交流与合作大会”和“中国浙江·宁波人才科技周”，使其成为国内外知名的引才品牌。此外，还有中国浙江投资贸易洽谈会(浙洽会)、海外优秀创业创新人才网上交流大会、海外高层次人才浙江行、中国浙江国际科技合作交流大会等大型引才活动，都具有全国和全球影响力。

2. 创业创新载体建设加快。各地都将创业创新载体建设作为产业和人才集聚的重要平台，截至 2011 年底，全省有浙江大学、海创园、杭州高新区和宁波高新区 4 家国家海外高层次创新创业基地，引进共建了创业创新载体 879 家，留创园 23 个，院士工作站 176 个(省级 26 个)，博士后科研工作站 140 个。以宁波高新区为例，突出打造“研发园”这一国内较有特色的建设模式，主要吸引国内外具有影响力的研发机构、公共技术平台入驻研发园，以发挥整合综合效应，在筹建资金上，研发园由政府、投资公司和企业自身共同出资兴建。目前已经入驻高水平研发机构 200 余家、技术转移中心 30 家、成果转化 2000 多项、院士工作站 5 个、公共技术服务平台 10 个。作为全国四大未来科技城之一，杭州未来科技城(海创园)是浙江省、杭州市着力打造的人才科技大平台。自 2010 年 7 月挂牌以来，科技城所在地余杭区已累计完成政府性投资 68 亿元，首期 37 万平方米科技物业年内投入使用。目前，海创园已累计引进海外高层次人才 288 名，其中国家“千人计划”人才 16 名，省“千人计划”人才 14 名，引进海归创业企业 114 个。①

3. 海外柔性引才工作突出。2011 年，浙江省出台《关于实施“海鸥计划”完善“省千人计划”人才引进体系的意见》，决定在省“千人计划”的基础上实施“海鸥计划”，并纳入省“千人计划”。“海鸥计划”主要是引进那些无法长期待在中国工作但符合浙江省“千人计划”条件的海外高层次人才。“海鸥计划”人才在保留海外全职工作的同时在中国创新创业，这样既没有切断与海外的密切联系，可以通过“海鸥人才”了解到海外最新的科技、产业动向，也在一定程度上减轻了国内企业、高校科研院所的引才成本。2010 年，在企业多年开展聘请海外工程师活动的基础上，宁波市出台了《宁波市鼓励企业引进“海外工程师”暂行办法》，对引进“海外工程师”的年薪在 50 万元以上的企业给予一次性一半年薪补助，鼓励企业聘请海外工程师。“海外工程师”计划实施两年来，已经有 249 家企业、394 位“海外工程师”项目获得补助，市、县两级财政提供补助 1.17 亿元。引进“海外工程师”，不仅可以引进高端科研技术，推动企业自主创新，还可以引进先进的企业管理理念和管理方法，建立更国际化的公司制度，促使企业朝国际化战略发展。

4. 人才激励政策进一步突破创新。①鼓励企业引进和奖励人才。《浙江省人民政府关于进一步支持企业技术创新加快科技成果产业化的若干意见》中提出，“对民营企业引进的国际一流科技创新团队，符合条件的，可给予不低于 1000 万元的支持”，“对创新人才个人获省政府及以上单位颁发的科学技术方面的奖励，免征个人所得税；对报经省政府认可后发放的对优秀创新人才的奖励，免征个人所得税”，“支持上市的国家级和省级创新型企业开展股票期权、限制性股票等激励试点，支持非上市企业开展分红激励试点”等。②鼓励高校、科研院所科技成果转化。《浙江省人民政府关于进一步支持企业技术创新加快科技成果产业化的若干意见》中提出，“职务发明的成果的所得收益，高校可按 60%～95%的比例、科研院所可按 20%～50%的比例，划归参与研发的科技人员及

① 浙江在线. 杭州西部即将崛起一座未来之城 引进 288 名海外人才[EB/OL]. http://www.1000plan.org/qrjh/article/21180,2012-08-08.

其团队拥有”,“高校、科研院所转化职务科技成果以股份或出资比例等股权形式给予科技人员个人奖励,获奖人在取得股份、出资比例时,暂不征收个人所得税”。杭州市《关于实施创新强市战略 完善区域创新体系 发展创新型经济的若干意见》中提出,鼓励高校、科研院所科技人员进行科技成果转化和创业,将科技成果产业化业绩作为应用性研究人员职务晋升的主要依据,在专业技术职称评定中,确保10%以上名额用于参与技术转移和产业化的人员;高校教师创业失败的,不会影响其在校的晋升和职称评定。甄月桥等(2014)曾对杭州滨江区与上海杨浦区的海外高层次人才创业政策进行了比较,认为滨江区各项政策在创新创业政策项目扶持方面对产业规划类别作了细化,同时人才激励政策体系更完整和多元化。①

5. 人才引进模式丰富多样。海外高层次人才有其特性,大胆创新引才的新机制、新模式,学会运用与国际接轨的引才模式,紧密联系经济社会发展实际,才能取得引才工作的新成绩。浙江省海外高层次人才引进模式,可以有针对性地分为创新人才和创业人才两大类,具体如下:

第一类:创新人才采取“高校平台+人力资本”模式。单纯的创新人才一般为高校所吸纳,多为在国外高水平大学、科研院所工作,有一定研究成果,具备较高的研究能力,担任相当于教授层次的职位,在其领域内享有一定国际声望的中青年科学家、研究人员。这类人才引进相对简单,引进后享受国家和当地政府及引进单位在生活条件、办公条件、研究平台、启动资金、人事政策、科研评价等方面的优惠,其中,办公条件、研究平台、人事政策、科研评价方面的条件主要由人才引进单位提供,生活条件、启动资金政府给予的支持更多。就浙江省实际来看,全职回国工作的创新人才占大多数,短期智力引进相对较少。就发挥作用来说,多数(就调研结果而言)单位和海外人才倾向于认同全职引进、全职工作(这部分是为了规避所谓人力资源管理中的“道德风险”),但同时也认为,保持与海外的密切联系,十分必要而且可行,即短期内不完全切断与海外的人事关系。需要指出的是,创新人才经常以大平台、大产业、大项目为依托引进。

---

① 甄月桥,聂庆艳,朱茹华. 海外高层次人才创业政策对比研究——以杭州滨江区与上海杨浦区为例[J]. 未来与发展,2014年第8期,第102—105页.

第二类:创业人才——多样化模式。与创新人才相比,创业人才的引进形式相对灵活,这主要是由人才使用方式、新兴行业的特点和引进渠道多元化决定的。①"智力资本+产业资本"模式。一般指海鸥式人才引进,海外人才为国内企业提供智力支持,进行项目指导和技术对接。有些人才本身在海外有自己的公司或者研发团队,之所以把视线转移到国内,一是为自己的技术或项目寻找更大的市场,二是为公司或团队的长远发展或转移探路。这种模式下,海外人才暂不回国,以柔性引进方式实现。有时海外人才也会依托国外大公司、大财团背景进行创业。②"产业资本+人力资本"模式。海外人才一般全职回国,与当地已有产业结合,以合伙人加入已有公司或新设公司的形式进行人力资本的增值。在运作过程中可能会依托国内大专院校、大院大科研所以科研带创业。值得注意的是,也有部分"裸创公司"模式,包括国外初创,后到国内壮大发展的公司形式,如杭州天夏科技有限公司、杭州矽多杰半导体技术有限公司,还包括那些带技术或项目,得到政府支持和鼓励而成熟起来的创业公司,如聚光科技有限公司、UT 斯达康有限公司。③"风险资本+人力资本"模式。海外人才携带先进技术或项目,吸引民营资本投资(或风险投资机构)支持,共同设立新公司。留学人员以专利、专有技术、科研成果等在国内进行转化、入股,创办企业。由掌握高新技术的专业人才,以及管理、金融、法律和会计等人才组成综合性企业,从事高新技术产品的研究与开发。部分优秀海外人才借助自身先进核心技术多次创业,如杭州市的伊博电源(杭州)有限公司、英飞特电子有限公司、爱思进生物技术有限公司、赛伯乐投资基金等。

此外,还有一种"哑铃模式"的海外高层次人才引进模式,即企业的一头在国外,另一头在国内,暂时无法回国的人才可以先带项目"挂职"进入国内某一人才创业载体,或在国外设立研发基地,进行前期研究开发,不必离开原工作单位和工作地。国内创业载体将向项目拥有者提供包括财力、物力和人力的支持。待技术和产品开发成熟后,由创业载体负责联系和落实国内的合作,包括集资建厂、扩大生产、临床实验、申报审批、市场开发和产品销售等,并提供信息咨询、法律及财务等方面的服务。创业载体集中所筛选的开发项目和效益配置的原则,循序渐进地进行投资开发,有目的、有计划、有效地帮助创业者进入中国和国际市场。这种模式相当于在海外建立研究开发创业载体,可以充分利用发达国家创新人才聚集、创新条件完善的优势,采取就地取材、就地开发、互利合作的方法，可以发挥留在国外的智力群的作用。当然，目前这种模式还不常见。

6. 创业投融资模式逐步多样。①政府资金介入鼓励风险投资和贷款。浙江省已经设立了创业风险投资引导基金，通过阶段参股和跟进投资等方式引导创投基金或创投企业进行股权投资；浙江省财政建立和完善了小企业贷款风险补偿制度，每年安排专项资金6500万元，鼓励银行业金融机构和融资性担保机构加大对小企业和创业者的信贷支持力度。① ②成立海邦人才基金。海邦人才基金是专门为海归创业人才服务的专业基金，由政府引导基金、海外高层次人才及其企业资金和其他留学人员资金、民营企业共同出资设立，海邦人才基金不仅为创业企业提供风险投资资金，还为其提供创业指导、企业管理方面的经验，是一种老海归带新海归的创业投资辅导模式。目前已经成立了杭州海邦人才基金和宁波海邦人才基金。其中杭州基金规模10亿元，首期2亿元，政府引导基金参与5000万元；宁波基金规模10亿元，首期3亿元，政府配套出资1亿元。③形成了“人才＋资本＋民企”模式。充分发挥浙江省民营企业众多、民间资本充足的优势，引导其投资海外高层次人才创业，这样既可释放民间资本活力，又可促进民营企业转型升级，还可满足高层次人才创业的资金需求，是一种在浙江特殊背景下重点推广的投融资模式。目前，入驻海创园的高层次海归人才基本都是按照这种模式组建公司，并进行项目研发和产业化的。

7. 创业服务和生活保障逐步完善。①提供创业咨询和创业培训。帮助解决高层次人才创业过程中碰到的难题，提升其创业能力。杭州市江干区推出了“创业导师”制度，精选了一批成功企业家和相关领域的专家，为高层次人才创业企业提供全程指导；嘉兴市举办领军人才CEO培训班，促使领军人才成为技术与管理并重的复合型人才。②设立海外人才引进服务窗口。2010年浙江省出台《浙江省海外高层次人才引进服务窗口暂行办法》，要求在省、市有关职能部门设立为海外高层次人才提供服务的专门窗口，并为其提供有关引进工作的政策咨询，在居留和出入境、落户、医疗、子女入学等方面提供高效便捷服务。多个市建立了“生活绿卡”或“绿色通道”为高层次人才提供创业和生活服务。③实施浙江省“红卡”制度。2011年浙江省出台《浙江省海外高层次人才居住证

① 浙江省人才发展研究院. 浙江省人才发展蓝皮书2011[R]. 北京：经济科学出版社，2012.

管理暂行办法》及《实施细则》,给符合条件的海外高层次人才发放《浙江省海外高层次人才居住证》,即“红卡”,持卡者可在创业、工作、生活上享受市民待遇。

(三)重点政策分析:浙江省与浙江大学共建“人才驿站”

浙江省海外高层次人才浙江大学工作驿站(以下简称“人才驿站”)是浙江省(省委组织部)与浙江大学共建的引进海外高层次人才的创新载体,是一种海外引才的体制机制创新。“人才驿站”是在国内各类引才计划不断推出实施、浙江省为吸引更多的海外人才来浙创新创业的背景下建立的,对于创新资源(尤其是科教资源)相对贫乏地区、对于解决人才创业的后顾之忧、对于充分利用高校和地方政策优势,都具有显著的借鉴意义。

1.“人才驿站”的产生。在国家实施“千人计划”背景下,浙江省于2010年初颁布了《浙江省海外高层次人才引进计划》,计划用5～10年时间,引进并重点支持1000名海外高层次人才。但是浙江省缺少大院大所、创新基地等平台,也缺少吸引海外高层次人才的品牌企业,如何拓宽引才渠道和平台成为浙江省加快海外高层次人才引进的前提和关键。2010年8月,浙江省委组织部、省人力资源和社会保障厅、浙江大学共同下发《关于建立海外高层次人才浙江大学工作驿站的意见(试行)》(浙组〔2010〕38号)[以下简称“意见(试行)”],在浙江大学建立人才驿站,目前约有十多人在站。“人才驿站”的建立旨在创新海外高层次人才引进模式,充分发挥政府的政策、资金优势和高校的科研、人才优势,通过资源整合、优势互补,形成市校合作引才的巨大合力,实现灵活引才、柔性引才。

“意见(试行)”指出:“建立人才驿站的目的,是为了更好发挥浙江大学国家海外高层次人才创新创业基地的作用,吸引集聚更多的海外高层次人才,为海外高层次人才在浙江省创业创新的初创期提供服务,构建产学研合作的新模式,实现高校、地方、企业和人才的多赢,为推动浙江经济转型升级提供人才保障。”可见,人才驿站将成为地校共引海外高层次人才的重要载体,人才驿站将接纳符合浙江省产业发展需要、愿意到浙江省自主创办企业或到企事业单位从事创新工作的海外高层次人才;为海外高层次人才发展提供适应期发展的全方位服务,构建“创业启航站”,提供良好的创业条件保障;开创针对海外高层次人才的“产学研创新基地”,构建产学研合作的新模式,充分发挥其海外高层次人才“人才泵”和“蓄水池”作用，实现智力集聚效应。

2.“人才驿站”的运行。“人才驿站”设立管理委员会，审议决策人才驿站的重大事宜，管理委员会主任由省委组织部、人保厅、浙江大学有关领导担任，成员由省委组织部、人保厅相关处室和浙江大学党委组织部、人事处、工业技术研究院、研究生院等相关部门负责人组成。管理委员会在浙江大学下设办公室，主要负责人才驿站的用人规划、聘用人员管理办法的制定、进出站人员的审核工作。浙江大学工业技术研究院负责人才驿站的日常管理与服务工作，对进站人员进行条件审查、落实进站人员有关待遇、评价进站人员工作绩效等。

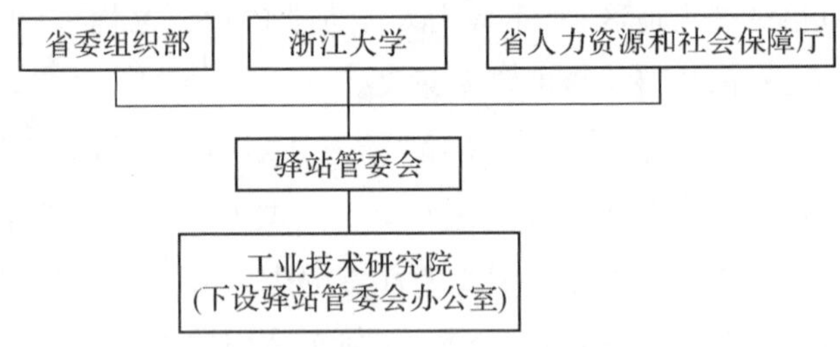

图 4-1 “人才驿站”组织机构及运行

(1)人才管理。依据《浙江省海外高层次人才浙江大学工作驿站聘用人员管理办法(试行)》，申请进站的海外高层次人才一般应取得博士学位，近三年在海外学习或创业，年龄不超过 50 周岁，拥有自主知识产权或掌握核心技术，愿意到浙江省自主创办企业或到企事业单位从事创新工作。在站期限一般为 3 年。入站人选一般由地方政府和重点骨干企业组织遴选、推荐，浙江大学的工研院、控股集团、科技园和纳米研究院等独立研究机构也可以推荐特别优秀的人才。入站候选人应提交个人简历、学术成就、产业经历、知识产权、推荐信(海外教授、海外企业高层)、三年工作计划、接受企业确认函。人才驿站与地方政府、企业建立对接关系，并在海外建立引才工作网络。浙江大学成立相应的特别评审委员会，对申请进站人才的资格、自主知识产权以及技术和浙江省产业关联度等做出评估，通过评估的人选经报管委会批准同意后方可进站。

浙江大学、用人单位或地方政府与进站的海外高层次人才根据不同在站模式签订工作协议，明确在站期间待遇、知识产权归属、团队建设等相关条款。目前共有三类不同的在站模式。

在站期间自主创办企业的人才，浙江大学根据其技术方向，对内积极推荐

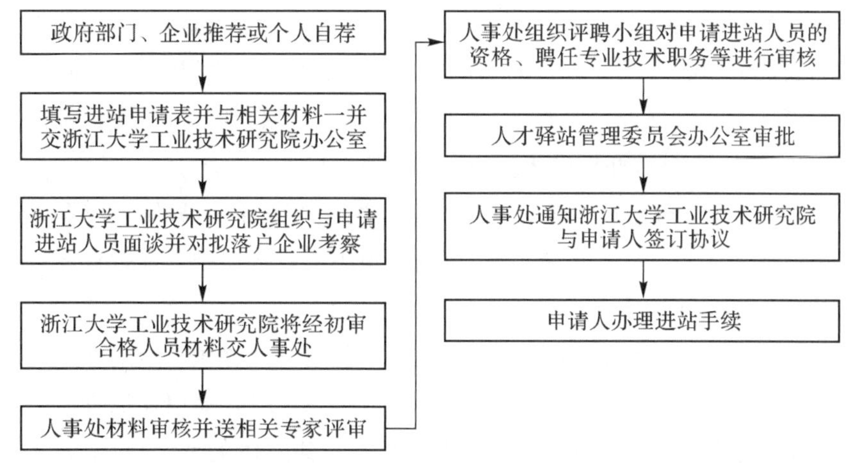

图 4-2　“人才驿站”聘用人员申请审批程序

校内相关学科骨干共同组建创新团队,也鼓励吸引国内人才建立创业团队,合作开展科技活动,符合规定的允许其招收研究生;对外允许其利用浙江大学地方服务合作平台,积极推进创办企业融入地方经济。其本人的薪酬待遇和社会保障由所在企业落实,企业所在地政府应在创业启动经费、住房等方面给予支持。进站的自主创业人才,在其创业项目建成投产前,省委人才工作专项经费给予一定补助,主要用于养老、医疗等社会保险支出,但至多补助 3 年,市县应相应配套。

在站期间到省内企业单位从事创新工作的人才,原则上由浙江大学和其所在企业联合成立合作研究院或实验室。浙江大学将根据研究院或实验室创新之需求,整合校内相关学科骨干,向其推荐创新助手和研究生,建立创新团队。海外高层次人才作为浙江大学和企业合作创新的领军人才,在创新团队组建、创新技术发展等方面享有自主权利,其本人和创新团队的相关待遇由企业或合作研究院解决。

在站期间到浙江大学所属独立机构或省内其他高校、科研院所从事创新工作的人才,各相关单位应根据其创新之需求,帮助其组建创新团队,并在创新团队组建、创新技术发展等方面赋予相应的权利。其本人和创新团队的相关待遇由所服务的单位解决。

进入人才驿站人员,浙江大学提供事业编制,人事关系可以挂在浙江大学,正常晋升档案工资,缴纳必要的社会保险,可以按规定参加职称评定和申报研究生指导教师。根据浙江大学海外人才特别评审委员会评审意见，海外人才被确定为浙江大学教授或副教授的相应等级，享受浙江大学职工的同等待遇，但不作为浙江大学引进人才。浙江大学将根据其创业创新的需求，在创新团队建设方面给予人才支持，并提供相应的科研交流合作平台。

海外人才合同到期后，应对其工作情况进行绩效评估，原则上应调入所创办的企业或加入的企事业单位工作，也可经组织人事部门推荐通过双向选择的方式到浙江省其他用人单位、包括浙江大学工作。其中，对列入中央“千人计划”和我省海外高层次人才引进计划的人选，可不受三年在站期限限制。

(2)保障措施。为驿站人才提供创新创业之所，同时享用校地资源。浙江大学与杭州市双方积极开展合作，形成了紧密的共同体关系，为驿站人才在高校和企业之间的角色互转、共享双方资源提供了保障。2010 年 11 月，浙江大学和高新区联合挂牌“海外高层次人才创新创业共建基地”，在人才引进和科技成果转化方面发挥各自优势。浙江大学将主要发挥“人才驿站”的作用，吸引海外高层次人才到高新区创新创业，优先吸纳高新区推荐引进的海外高层次人才进入“人才驿站”。高新区将吸引浙江大学引进的海外高层次人才创办的企业入驻，或到高新区实现科技成果转化。进入“人才驿站”又在高新区创业的海外高层次人才，既可以以“浙大人”的身份享受浙大的人力资源优势和实验技术平台，进行技术攻坚，又可以高新区创新创业者的身份享受相关优惠政策，实现创新创业。

引进人才相关方共同筹措资金，提供资金保障。省委组织部每年从人才工作专项经费中给予人才驿站一定的资金补助，用于进站人才的人事档案代理服务等管理支出。2010 年 12 月，浙江省委组织部和省财政厅共同下发《关于下达人才专项补助金的通知》(浙财行〔2010〕151 号)，一次性补助浙江大学人才专项资金 200 万元，其中 100 万元用于人才驿站工作经费补贴。在具体对人才的经费补贴上也根据三类不同的进站方式进行不同的补贴。

一是在人才流动站期间自主创办企业的人才。在站期间由浙江省委或市县人才工作专项经费每年给予一定的生活资助(包含保险费用)，不足费用由创办企业于当年 1 月 1 日打入浙江大学账户。二是到省内其他企业单位从事创新工作的人才。原则上浙江大学和相关企业应成立合作研究院或实验室，为做强做大企业构建研发大平台。海外人才待遇等相关费用由企业于当年 1 月 1

日打入浙江大学账户或在合作研究院经费中开支。三是在浙江大学所属企业和独立机构或省内高校、院所从事创新创业的人才待遇等相关费用由相关单位于当年1月1日打入浙江大学账户。

驿站人才可优先申领“红卡”。为鼓励海外高层次人才来浙江省创业创新，更好地服务浙江经济社会发展，2010年4月浙江省政府办公厅印发了《浙江省人民政府办公厅关于印发浙江省海外高层次人才居住证管理暂行办法的通知》(浙政办发〔2011〕28号)，提出颁发浙江省的绿卡——红卡(因封面颜色为红色，故称为红卡)，随后省人保厅与公安厅联合下发了《关于印发浙江省海外高层次人才居住证管理暂行办法实施细则的通知》(浙人社发〔2011〕160号)，对“红卡”作了详细说明。

进入驿站的高层次人才可优先申领“红卡”，在社会保险、公共服务、购房、子女就学等方面享有同等的待遇，而且可以凭“红卡”和浙江省自主创业或工作的相关证明可同样享受浙江省关于创业创新的优惠政策。此外，“红卡”分主卡和副卡两种，符合主卡申领条件的海外高层次人才可以为随同来浙江省的配偶和未满18周岁的子女申领“红卡”副卡，享受部分“红卡”主卡的待遇，但也基本能享受一般市民待遇。

3.“人才驿站”经验探讨。①借助高水平大学，实现政产学研合作引才。作为国内一流大学代表，浙江大学对海外高层次人才有着强大的吸引力，具有高层次人才集聚的天然优势，同时，它也具有产学研合作的历史基础，与各类科研机构和海外高层次人才需求企业有紧密联系，所以，依托浙江大学建设人才驿站，适逢其地。在人才驿站建设过程中，浙江大学可以更便利地实现服务地方的目标，并建设一支学科创新的重要力量，有效地优化充实高层次人才队伍，将起到凝练学科新方向、引领学科团队发展的作用。浙江省区域发展与浙江大学对拥有一批高层次的科技创新创业人才具有共同的战略需要，必将形成优势互补、通力推进的局面，因而，这种合作有着自发的积极性。此外，人才驿站利用浙江大学品牌与体制优势，整合地方、企业的政策、资金与空间等资源，将有效对接地方政府与重点企业，激发政府与企业的主动性、创造性。

②创新管理模式，激发各需求主体积极性。高新技术企业、研发机构、博士后工作站、科技园等是浙江省目前承接海内外高层次人才引进培养的重要载体，发挥了很大的作用。但是，也存在部分高层次人才引进一时难以及时落地，

或者有着强烈的自主创业愿望，不能马上具备条件创业；部分高层次人才愿意先期落户高校，依托高校技术优势和平台进行产学研合作；部分博士后希望借助相对稳定的载体，在毕业后继续进行科研成果的研究以及应用等现象。人才驿站紧密依托浙江大学“海外高层次创新创业基地”、“综合引智基地”等平台，依托浙江大学工业技术研究院、浙江大学国家大学科技园等重要产业平台，着重发挥引进人才集聚效应，重点解决人才引不来、留不住的关键问题，为海外人才留有余地，开拓其事业空间。在实施过程中，注意围绕区域经济社会转型升级与高新技术产业发展迫切需求，体现浙江大学高水平、强辐射服务于地方区域的发展定位，符合浙江大学学科专业、师资队伍、学术研究的发展需要，是几方多赢的模式。

③对接体制内外，有利于大规模海外引才。人才驿站创造了良好的氛围和机制，引导海外高层次引进人才选择适合自己的事业发展道路，通过“人才驿站”的过渡，找到最适合自身发展的定位：在一段时间之后，选择自主创业、加盟企业从事创新或进入政府部门或高校事业单位等，也可经组织人事部门推荐通过双向选择的方式到浙江省其他用人单位工作。这样做有以下好处：第一，减少了海外高层次人才回国工作的后顾之忧，为最大限度地发挥海外高层次人才的潜力提供了良好的渠道，消除了体制内外的隔阂，为海外高层次人才有效融入国内市场环境和政治文化体制提供了方便。第二，一定程度上降低了企业、高校人才引进的风险，使得人才引进建立在稳妥的基础之上。不同人才需求主体对于海外高层次人才需求的方式、数量、层次都有所不同，甚至不同企业对人才需求的具体要求也有所不同。第三，较好地解决了企业和高校人才需求错位的问题。一般来说，高校和科研院所的海外高层次人才需求强调长期引进，而非“柔性引进”或“短期使用”，并且对创新型（并非创业型）人才有更大偏好；对企业来说，创新创业型人才都需要，方式上多数企业对“柔性引进”比较有兴趣。人才驿站的引才模式，把高校和企业的不同需求较好地结合了起来，为逐步构建以企业为主体的吸引人才体系，改变高等院校和科研院所为主的海外高层次人才吸纳体系的现状开辟道路。

第三节　海外高层次人才引进工作设计

为整体把握国内各地区海外高层次人才工作现状，本书编写者借助文本文献、网络查询、访谈座谈等方式，重点对国内海外高层次人才工作先进地区(江苏省及其苏州市、上海市、北京市、广东省及其广州市、浙江省及其杭州市、湖北省及其武汉市等)的引才政策进行了详细比对、分析和梳理，通过案例研究，基本摸清了各地区引进政策的基本做法和基本规律，下面是政策分析结果要点。

(一)引进工作的流程化设计

国内各地区在海外高层次人才引进过程中的具体行动，主要体现三步曲原则，即人才引进的前期准备、人才引进过程控制以及人才引进的后续保障，各级政府实际执行中所有工作都是围绕该流程进行。人才引进工作流程化设计的前期准备阶段，主要体现在“扩大宣传、加深影响”，各地区将发展需求和人才自身需求综合考虑，设置人才集聚的有效吸引点，成为人才引进一系列工作开展的首要推动力。在这个过程中，各地区政府通常会建构良好的信息互动平台，通过激励因素从各层面对宣传进行把握，最终实现“让地区吸引人才，让人才定位地区”的目标。

人才引进工作流程化设计的引进过程中，重点是对相关政策的执行以及对实际问题的应对。对相关政策的落实，是对前期宣传过程的“承诺兑现”，是各地区政府的诚信度的保障和政策公信力的树立，这不仅对当下人才引进产生影响，也关系到之后工作的开展。同时，在人才引进的实际过程中，必然会出现各种实际问题，对政策外状况的有效应对则是对政府工作灵活性的体现和要求。该阶段中，最终要实现的目标是“以有效、高效的政府工作，确保引进人才实现最有效的价值定位”。

人才引进工作流程化设计的后续保障阶段，着重考虑两个层面：一是解决好人才引进后相关的配套服务，包括引进人才及其配偶子女的安置，免除其后顾之忧，这部分在引进过程中也有所涉及，但是在后续工作中的进一步保障则更需要持续性强化。二是后续保障阶段要在人才保值的基础上实现人才增值，人才的再成长对于地区建设和人才自身发展而言是双赢的。该阶段最终要做到“确保后方稳定，完成价值再生，实现人才资本向经济成果转化的效益最大化”。

（二）引进流程实现的综合调控

海外高层次人才引进工作的实际开展中，各地区在流程化的基础上，通过影响因素进行综合调控。主要体现在人才引进工作宣传过程中刚性框架与柔性载体的配合建构，以法律和文化进行信息传达，辅以非正式组织搭建；人才引进工作执行过程中行业需求的导向，提高引进人才价值定位的精度，以期做到人岗匹配、人业协调，体现人才“以用为本”的宗旨。

首先，人才引进工作宣传方面，刚性框架的搭建是对被引进人才最基础的权益保障。刚性框架的搭建过程以相关法律法规的制定为基石，同时相关法规也普遍遵循从制定试行到后续进一步规范的规律，体现了刚性建构的时序性，这使得框架的刚性在实践中得到不断的强化和完善。例如，2005 年杭州市委、市政府出台《关于大力实施人才强市战略的决定》（下称《决定》），至 2006 年，杭州市委人才工作领导小组办公室、市人事局、市财政局、市科技局、市教育局和市劳动和社会保障局联合出台了《关于贯彻落实〈关于加强高层次人才引进工作的若干意见〉的实施办法》，对 2005 年《决定》中提到的引进对象的安家补助、工作津贴和创业资助经费等问题提出了更为具体和全面的实施办法。至 2009 年 12 月，杭州市滨江区出台《关于实施海外高层次留学人才来杭州高新区（滨江）创新创业“5050”计划的办法（试行）》，其中对引进人才的产业归属（即重点鼓励行业产业）、扶持政策（场地、优惠贷款、产业风险基金投入、启动资金）、生活保障（租房补贴、购房优惠）和引进程序都作了详细明确的规定。2010 年 7 月，市政府又出台《杭州市人民政府关于鼓励和吸引海外高层次人才入驻浙江海外高层次人才创新园创新创业的若干意见（试行）》等。从中可见，杭州市相关政策内容趋向细化，对目标人群受益给予了更加明确的规范，这对被引进人才而言，其所享受的福利更加有据可循和真实可触，也更容易在基于自身需求满足的基础上对政策出台地区产生认可和共鸣。

其次，因地制宜、结合地区优势进行柔性载体构建是前期宣传中的重要组成部分。政策的硬性规范可以说是为政策的目标人群建立了有效的法律之盾，而结合柔性体系的信息传达则是传承性文化建设的软攻势。例如，浙江省湖州市在开展人才引进的“南太湖精英计划”中，以其地方特色的湖笔文化节为契机和依托，将“海外高层次人才湖州行”作为其活动期间的重要内容，构建宣传平台，类似还有宁波市的高层次人才智力技术项目引进洽谈会(简称“高洽会”)。这些柔性载体的建构，充分考虑了情感因素，针对知识分子的文化认同感，打开宣传攻势，提高了人才引进工作的影响力。宣传过程一方面是对人才引进工作的前期支持，同时也实现了对人才价值的初步定位，完成了地区对人才以及人才对地区彼此的初步筛选。

最后，通过行业需求引领人才进行深度定位并调控人才引进工作方向。观察各地区对人才选拔提出的措施可以发现，大多数地区在进行人才选拔的时候会结合考虑地区经济发展情况以及国家未来经济发展重点和热门行业进行标准制定。例如，广东省委、省人民政府《关于加快吸引培养高层次人才的意见摘录》中重点对需要引进培养的高层次人才范围和对象的规定为“现代生产性服务业和先进制造业高层次人才，主要包括金融、物流、信息服务、科技服务、外包服务、商务会展、文化创意、总部经济和装备制造、汽车、钢铁、石化、船舶制造等产业的高层次人才”；上海市在制定《上海2008—2010年引进海外智力行动计划》中提出，要“围绕2010年上海世博会，积极开展引智项目。重点引进项目管理、高级公关、精通国际商务、法律、超大型项目组织、沟通推介、大型活动运营管理、产品营销等方面人才”等。浙江省人力资源和社会保障厅于2010年7月对重点产业转型升级紧缺人才进行了课题研究，随后出台《浙江省重点产业紧缺高层次人才引进目录(2010—2015)》，客观分析了产业发展对各类人才的需求，是海外高层次人才引进的基本依据。

以行业需求为导向，有利于各地区政府针对既有经济情况，明确当前工作重心，实现紧缺人才的迅速配置，解决当务之急，又利于制定长期规划，绘制出较为合理的发展蓝图，对经济发展进行前瞻性和全局性的把握。与此同时，“按需求才”的方式，能够实现人才的合理配置，实现智力资源使用的效益最大化，实现人才显性价值的发挥以及潜在价值的挖掘。需要注意的是，一定要处理好人才的当前需要的短期性和区域战略发展的长远性之间的关系，尽量避免只顾眼前而忽视长远的短视行为。

(三)工作流程执行的细节控制

在人才引进工作流程的执行中,还需要进行细节控制以确保工作的顺利以及现实问题的应对。细节控制主要体现在内外结合的宣传互动、资金以及设施配套建设、高校教育平台的合作、人才二次成长的实现等。

1.内外结合的宣传互动。人才引进的宣传工作要突破时空限制,充分实现地区间、国家间的交流,以充分多元的信息交流扩大人才选择范围,秉承“更多选择,更精定位”的思想搜罗更多高质量人才。例如,广东省、江苏省、浙江省等组团前往欧洲、北美等发达地区进行高层次人才宣传推介,都成为了跨地区、跨国界求才的有效措施,有效开辟了人才源。

2.资金及设施配套建设。部分地区设立了额度较大的海外高层次人才引进专项基金,充分对等于高层次人才所具备的智力价值。例如,宁波市2005年度政府资金支持留学归国人员的最高额度为1000万,而到2010年对海外高层次人才引进工作的专项经费支持则达到了5000万。同时,如浙江省杭州市重点打造海外高层次人才创新创业基地、科技园区(留创园),基地设施先进、环境优美、交通便利,成为吸引海外人才的重要凭借。

3.借力高校平台合作引才。高校特别是高水平大学是知识经济时代智力汇聚的中心,也是各种信息交汇的中心,对高层次人才具有极大的凝聚力,因此借助高校合作引才是十分有效的途径,包括高校人才追踪、人才高校领域安置等。例如,上海的“雏鹰归巢计划”,聚焦了哈佛、斯坦福、剑桥、牛津等世界排名前100的名校,通过多种形式,不断跟踪,加强联系,力争每年跟踪100名海外留学人员。浙江省杭州市充分利用本省尖端教育力量,结合国家“千人计划”推动高层次人才进入高校任职,使其成为高层次人才引进工作的重要载体。

4.人才二次成长的实现。引进人才的二次成长也即人才的再增值过程是否顺畅是检验人才引进工作成败的重要标准,也会影响到“留才”和“后续引才”能否成功。创建良好的人才成长立业环境,使海外人才价值进一步释放,可以实现引进工作效益的最大化。在自身素质得到提高的过程中,被引进的人才对于所处环境的认同度会更高,伴随个人成就感而至的归属感也会更强,这是降低人才流失率的根本性途径。

(四)人才引进工作流程的反馈闭环

海外人才引进工作流程中还有一个重要环节，即对相关部门工作情况和效果的反馈，这个反馈过程，构成了整体工作的闭环，实现了对人才引进工作的监督和测评，对发现问题、完善流程体系具有重要作用。引才政策从制定到成功运作，通常都需要经历长时间的执行检验，在操作过程中不断修正、补充、完善，在被质疑和被否定中逐渐成熟，这是一个反馈信息搜集和综合处理的过程。人才引进工作流程的反馈闭环是提高人才引进工作质量的重要部分，对于各地区的工作具有重要指导作用，是人才引进工作与时俱进的表现。

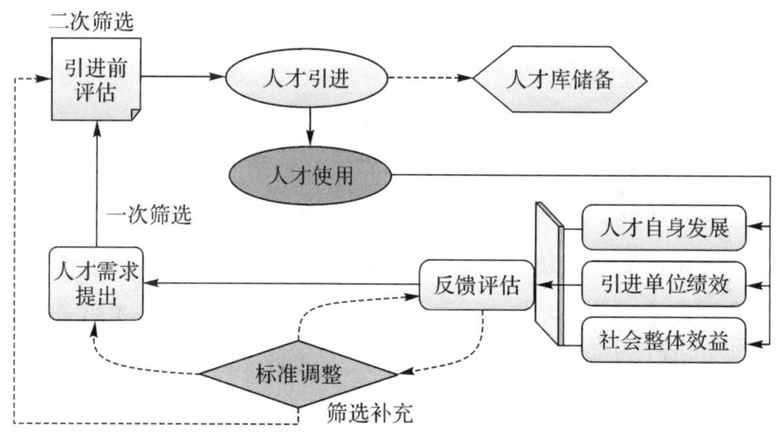

图 4-3　人才引进工作反馈闭环模型图

反馈信息主要由两方面获得：一部分来自相关部门实践过程的自我发现和总结，一部分来自于利益受众的信息反馈。相关部门内部的意见总结，要从各层级工作人员在工作中遇到的问题进行聚焦，从上下级、部门间、地区间等的工作配合程度，相关法律法规执行顺畅性及有效性等方面进行反馈，主要使用的方法包括政府人员座谈、专访、问卷等。被引进人才的信息反馈，则是直接的受众评估，主要通过问卷进行大量关键信息搜集，是对人才引进工作成效和不足的最为直接的结果体现。例如 2010 年，江苏省进行了“2010 年江苏省海外高层次人才调查”，对海外高层次人才引入的成效与问题进行了统计调查，使得引入工作能够具有闭环反馈的监控和调整。

第五章　海外高层次人才区域政策比较分析

比较各省域的海外高层次人才政策，必须从地区经济发展状况包括产业结构特征、经济发展环境、社会文化特征、市场主体角色等宏观方面入手，如上海市国际化水平高、广东省市场化相对充分、北京市科教资源丰厚、江苏省政府角色明显、浙江省民营经济活跃等。只有理解了广阔的经济社会背景，才能比较充分地了解海外高层次人才政策的现状和趋势。本章首先分析部分省市产业发展状况和研发基础，再从政策文本角度分析海外高层次人才引进的政策焦点，最后点出省域间海外高层次人才政策的不足。本章主要以苏、浙、鄂、粤四省情况为例进行分析。

第一节　产业与研发基础分析

产业集聚与人才集聚是相互促进发展的关系。孙健和尤雯(2008)实证发现，产业集聚和人才集聚之间存在共生和乘数效用关系。① 同一产业或相关产业的企业在特定区域集聚，必然引致人才向该区域流动和集聚，而人才的集聚能够吸引更多的物质要素向其

---

① 孙健，尤雯．人才集聚与产业集聚的互动关系研究[J]．管理世界，2008 年第 3 期，第 177－178 页．

运动，吸引更多的企业聚拢，进一步促进产业的集聚。① 调研中，曾有苏州某工业园区管理者谈到苏州工业园区吸引海外高层次人才的核心优势时认为："第一点是产业基础强，脱离这一点其他都是空的。"可见产业基础对于一个地区吸引高层次人才的重要性。我们对苏、浙、鄂、粤四省高新技术产业发展与 R&D 人员、经费支出进行了简单比较，试图发现各个省高新技术产业发展与 R&D 人员、经费支出之间的关系，以及比较浙江省与其他三省在高新技术产业发展、R&D 人员与经费支出上的差异。从表 5-1 和图 5-1、图 5-2 可以发现：

1. 高新技术产业比较。2010 年，浙江省高新技术产业当年价总产值为 3413.3 亿元，远远低于江苏省的 16277.8 亿元和广东省的 21050.2 亿元，高新技术产业是浙江省经济发展的洼地；2010 年，浙江省高新技术产业企业的 R&D 人员全时当量为 24485 人/年，不到江苏省同期的 2/5、广东省同期的 1/5，高新技术产业的研发力量相对薄弱。

表 5-1　2010 年四省高新技术产业指标比较

	江苏	浙江	湖北	广东
高新技术产业当年价总产值(亿元)	16277.8	3413.3	1312	21050.2
高新技术产业企业 R&D 人员全时当量(人/年)	64496	24485	10461	156235
高新技术企业个数(个)	4868	3339	798	5774
高新技术产业 R&D 机构数(个)	620	388	84	656
高新技术产业有效发明专利数(个)	3604	2199	1201	31356
高新技术产业投资额(亿元)	1324.2	152.6	266.2	495.9

2. 高新技术产业增长比较。从增长速度来看，从 2005—2010 年浙江省高新技术产业的增长极为缓慢，而江苏省和广东省增长较快，特别是从 2007 年开始两省的高新技术产业迅速增长，可以判断浙江省并未抓住 2007 年发展高新技术产业的机会；从高新技术产业企业 R&D 人员全时当量指标看，广东省在 2006 年出现了迅速增长，增长速度和绝对量都远远高于江苏省和浙江省，江苏省和浙江省在 2008 年后出现了截然不同的发展，江苏省开始加速增长，但是浙

① 张樨樨. 我国高技术产业集聚与高技术人才集聚互动关系的建模研究[J]. 科技进步与对策，2010 年第 11 期，第 72—75 页.

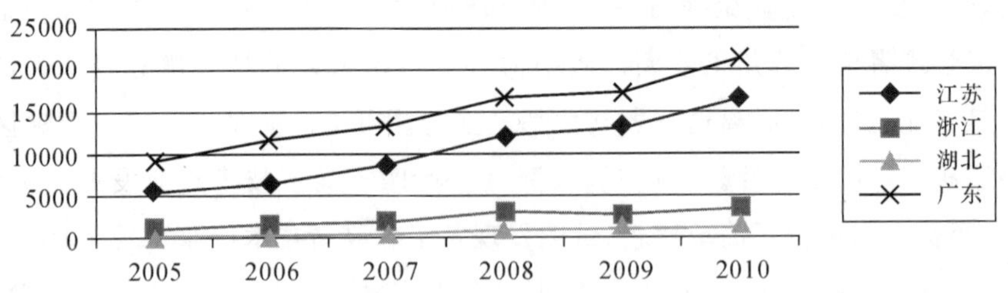

图 5-1 2005—2010 年四省高新技术产业当年总价值(亿元)

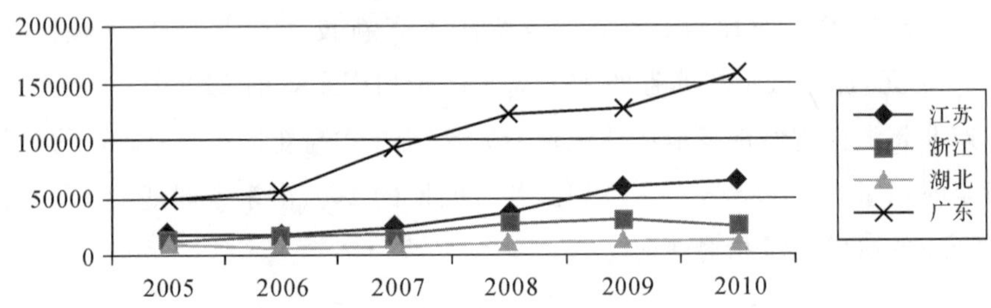

图 5-2 2005—2010 年四省高新技术产业 R&D 人员全时当量(人年)

江省则增长不多,从 2009 年到 2010 年反而出现了减少的趋势。

3.研发人员比较。从图 5-3、图 5-4 可以发现,浙江省在总的 R&D 人员全时当量、大中型企业 R&D 人员全时当量上,都基本跟上了江苏和广东的增长速度,由此可以说明浙江省近些年增长的 R&D 人员并未流向高新技术产业,反而有从高新技术产业退出的趋势,说明浙江省高新技术产业吸引相关领域人才的能力极弱。

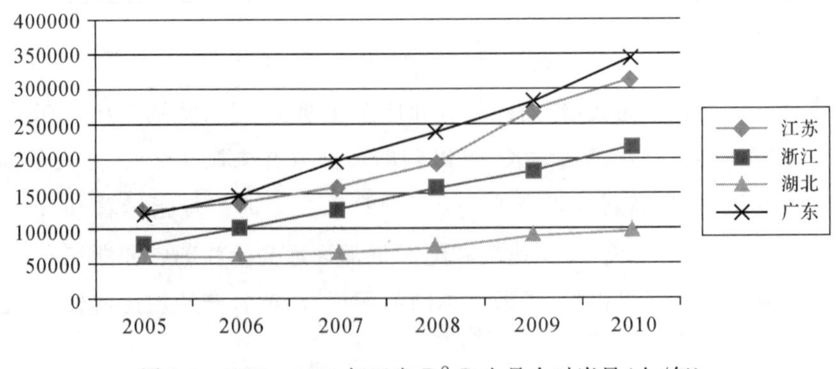

图 5-3 2005—2010 年四省 R&D 人员全时当量(人/年)

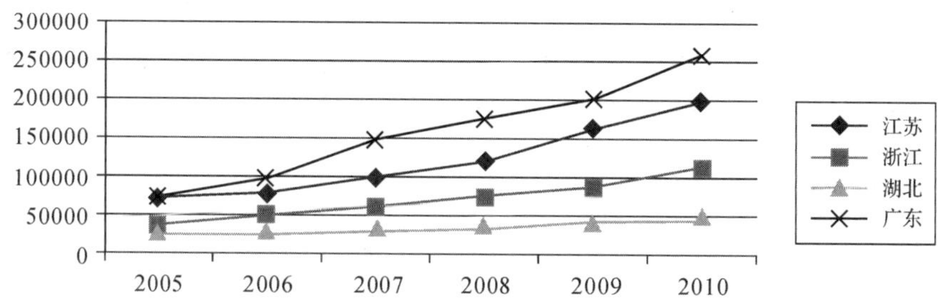

图 5-4 2005—2010 年四省大中型工业企业 R&D 人员全时当量(人/年)

在大力引进和培养高层次人才的过程中,政府逐渐意识到人才团队的重要性,一个人才团队可以集聚创新要素,能比单个人才发挥更大的创造性,带来更多的科技创新和社会经济效益。近年来,广东、江苏和浙江都出台相关政策引进和培养高层次人才团队,以期发挥人才的整合效应。表 5-2 对广东、江苏和浙

表 5-2 广东、江苏、浙江人才团队引进/培养计划比较

	广 东	江 苏	浙 江
计划名称	广东省创新科研团队引进计划	江苏省创新团队	浙江省重点创新团队(以重点科技创新团队为例)
面向	引进	引进	省内遴选培养
引进/培养对象	第一层次:世界一流的创新科研团队;第二层次:国内顶尖水平、国际先进水平的创新科研团队;第三层次:国内先进水平的创新科研团队。	在相关研究领域达到世界或国内先进水平,在国际或国内同行中具有重要的创新地位和学术影响。	具有完成创新任务所必备的技术装备基础,已有的技术发明和研究成果已在生产实践中应用,并有一定的辐射面和影响力。
团队组成要求	1. 带头人(1 名)和核心成员(不少于 4 名)组成;2. 已稳定合作 3 年以上;3. 每年累计至少 6 个月在用人单位;4. 签订 5 年合作协议。	1. 领军人才需符合省"双创计划"条件;2. 可稳定合作 3 年以上;3. 每年有 6 个月以上时间在江苏工作。	1. 带头人为在浙工作的两院院士等高层次人才,团队成员在 20 人以上,45 岁以下成员不少于 1/2,企业或基层成员不少于 1/4;2. 三年为建设周期;3. 团队带头人每年应在牵头单位工作 6 个月以上。

续表

	广 东	江 苏	浙 江
经费资助	1.省财政给予第一层次8000万～1亿元,第二层次3000万～5000万元,第三层次1000万～2000万元;2.珠三角地区和其他地区按不少于省财政工作专项经费的1/2、1/3提供配套资金。	1.省"双创"专项资金给予300万～800万元人才经费资助;2.各相关主管部门给予1000万～3000万元项目经费资助。	1.每个重点科技创新团队给予一个周期(3年)300万元资助;2.通过重大科技专项、重大创新平台和重大成果转化项目给予配套支持。
经费使用	1.省财政引进创新科研团队专项资金由原分期逐年拨付调整为一次性全额拨付到位;2.人力资源成本费支出比例最高可以占省财政专项资金总额的30%。	省双创计划和相关部门经费资助均在三年内分期拨付。	专项资助经费用于劳务费开支的比例不得超过总资助额的1/4。

江人才团队引进、培养计划进行了比较,可以发现:①广东和江苏在人才团队建设上侧重于引进,而浙江省则侧重于省内遴选培养;②在对引进/培养团队的创新水平要求上,广东省要求的创新团队水平最高,其次为江苏省,再次为浙江省;③在团队组成要求上,三个省都提出团队要有带头人、核心成员,能稳定合作3年以上,团队或团队带头人需在用人单位工作6个月以上;④在经费资助上,广东省给予的经费资助力度最大,最高可以达到1亿元,最低也有1000万元,江苏省其次,可以资助300万～800万元的人才经费和1000万～3000万元的项目经费,浙江省则对其中的重点科技创新团队给予一个周期(3年)300万元资助,在资金支持上相对较少;⑤在经费使用上,广东省财政专项资金可一次性拨付,江苏省则需分3年逐年拨付。

第二节 海外引才的政策焦点

引进海外高层次人才工作高难度、高投入、高产出、高风险的特点决定了它并非一朝一夕的单兵突击,而是需要长远规划、并力推进的战略选择。纵观发达国家和国内部分先进地区吸引海外高层次人才的政策实践,我们认为以下几个焦点问题需要特别的政策关注。

（一）不断完善人才队伍结构

包括年龄结构、层次结构、专业结构在内的高层次人才队伍结构的合理配置是海外高层次人才充分发挥作用的重要条件。如果人才队伍层次结构不合理，则不仅影响领军人才充分施展才华，而且会使引进工作的整体效果大打折扣。海外高层次人才引进工作已经被提到战略高度，但从目前看，如何保障领军人才发挥作用的中层技术骨干和高水平管理专家相对匮乏。此外，“千人计划”中事实上、整体上科教专家比例过高，入选者在高校和科研院所富集，非科教领域及非华人高层次人才的引进还较为薄弱。在大众创业、万众创新时代，带技术、带项目的海外高层次创新创业领军人才和高水平创新创业团队对经济社会发展的带动作用将凸显出来。从国家“千人计划”入选名单来看，工农业生产领域的实用人才、新兴行业和战略产业的创业人才、金融等行业的高级管理人才、非华裔人才所占的比例还比较低，与创新型国家建设需求还不完全匹配。

（二）更加注重引进后的过程服务

海外高层次人才的引进、使用、培养是个系统工程，其间紧密联系，相互影响。引得好是前提，引进人才的能力水平是否达到要求、专业是否匹配、环境是否适应等等，直接关系人才作用的发挥；育得好是保障，任何一个被引进的高层次人才都需要一个再培养、重新融合的过程，否则很难快速适应地方经济社会环境，出现水土不服现象；用得好是关键，只有用对、用好人才，才能全面发挥人才的才能和优势，真正体现其引进工作的价值，也才能为后续的人才引进提供必要保障。要着眼于人才作用的充分发挥，坚持从引进、培养和使用各个环节着力，切实形成工作的整体优势。从目前看，不少地区在政策冲动下对引进后的工作并不十分重视，不过在苏南、广州、上海等地区已经在慢慢改变，特别是在生活服务方面出台了许多“绿色通道”式政策。未来应该更多从人才成长和创业成功的角度来提供服务，如苏南地区的“创业保姆”措施就是为海外高层次人才提供地方化的创业服务。有关这一点在第六章还会详细阐述。

（三）合理定位政府、市场和用人单位职能

政府、市场和用人单位是海外高层次人才引进和使用中的三个职能主体，

其定位应该各有侧重，相得益彰，形成各主体在引进和管理上的联动机制。党委政府是主导，主要是管宏观、管政策、管协调、管服务；市场配置是基础，是促进人才合理流动和优化配置的基础平台；用人单位是主体，具体实施高层次人才的引进、培养和使用，也是高层次人才资源最直接的受益者。必须强化企业主体、市场配置、政府主导的工作模式，构建政产学研相结合的引才工作体系，各扬其长，协调推动海外高层引进工作，主要要使企业真正成为海外高层次人才引进工作的先遣队和主力军，学会用市场化机制引进人才。在海外人才引进"后数量时代"，尤其要注意政府角色的再定位。就目前来看，北京、江苏（主要是南京、苏州等苏南地区）、湖北（主要是武汉）的政府角色十分明显，其引进政策体系可以概括为"政府主导型"，如人才经费在政府财政中所占比例较大就是明证；广东（主要是广州和深圳）、上海的市场机制发挥相对充分，其引进政策体系可以概括为"市场推动型"，表现之一是风投、融资环境更多地发挥市场机制的作用；浙江省的特点处于二者之间，社会资本、政府角色在人才引进中的地位相对均衡，其政策体系也可以概括为"社会市场型"或者"混合型"。

专栏信息：各省人才或人才团队专项支持措施

浙江省自2003年起设立浙江省科学技术重大贡献奖，每两年评选一次，每次不超过3人，每人重奖50万元。加大人才工作资金保障力度，省财政设立每年5000万元的"人才强省战略"专项资金，主要用于组织和人事部门的专项人才工作。另据浙江省《关于进一步支持企业技术创新加快科技成果产业化的若干意见》，2012年省财政设立10亿元创新强省专项资金，用于支持以企业为主体的科技创新与人才引进，到2015年，这个数字将达50亿元，各市、县（市、区）也将设立相应配套的专项资金。根据《意见》，浙江省将支持企业引进海外高端专业技术人才、海外高级工程师和科技创新团队。对民营企业引进符合条件的国际一流科技创新团队，浙江省将给予不低于1000万元的支持。

江苏省也专门设立创新创业人才专项资金，对高层次领军人才和创新创业团队加大支持力度，对有突出贡献的科技人才给予重奖。江苏省对引进的国际先进或国内领先的创新团队，从2012年开始每个团队由省"双创计划"专项资金在三年内给予300万～800万元的人才经费资助，各相关主管部门在三年内再给予1000万～3000万元的项目经费资助。如属世界一流水平的创新团队，将采取特事特办、一事一议的方式，给予特别支持。

湖北省引进海外高层次人才的“百人计划”规定，对引进的科技型创业人才省财政一次性给予每人人民币100万元的补助；对引进的科研、经营管理、金融等方面的创新人才，省财政一次性给予每人人民币50万元的补助。对引进的科技型创业人才研发的产品进行产业化、规模化生产时，省财政给予三年期内300万元贷款额度以内的贷款贴息补助。武汉市“黄鹤英才计划”对入选的领军人才，按项目给予300万～500万元的资金支持；对入选的高层次人才，按项目给予50万～100万元的资金支持。创业投资机构为入选人员投资高新技术产业项目，投资期限超过2年的，按其投资总额的5‰给予奖励。创业风险投资机构或个人为入选人员创业投资发生损失，则按其投资损失的30%、最高不超过100万元给予风险补偿。

广东省人才资金投入创新创业团队引进特点比较明显，据《2014年广东省“珠江人才计划”引进创新创业团队和领军人才申报公告》，创新创业团队资助分为三档：世界一流，资助8000万元；国内顶尖、世界先进，资助3000万～5000万元；国内先进，资助1000万～2000万元。资助经费中100万元(税后)为住房补贴，由团队带头人支配使用。领军人才每名资助600万元，包括500万元专项工作经费和100万元(税后)住房补贴。据《2014年深圳市海外高层次人才创新创业专项资金团队资助申请指南》，深圳市2014年专项资金团队资助审批数量实行年度总额控制，单个团队项目资助金额可达1000万～8000万元。

(四)更加注重高水平创新创业团队引进

海外高层次人才个人引进相对容易，通过常规化、流程式的方式方法一般就能达到目的。而团队引进限于对象范围较窄、学科领域匹配性低、岗位安置难度大等原因而使得引进难度加大。但是，海外高层次创新创业团队在突破关键技术、带动新兴学科和发展高新技术产业方面具有个人引进不可比拟的优势，不少高水平创新创业团队本身就拥有相对成熟和系统的关键技术及其他相关创新创业资源，有利于快速实现科研成果产业化，能够较好地带动领军人才队伍成长等。具体到生产一线，由于新兴技术研发的复杂性和产业化流程的延展性，单个高层次人才引进只能在局部环节起关键作用，如果涉及生产全流程的改造与创新，就必须成龙配套地引进团组专家，当然这也增加了引才难度和引才成本。从各地经济产业发展需求来看，程式化的个人引进和针对性的团队引进必须充分结合，通过个人引进带动团队引进，以团队引进促进个人引进，探索建立符合本地实际的海外高层次人才引进机制，具有更加迫切的现实意义。通过有效的政策和激励，针对重点领域人才引进的迫切性和战略性，整体性引进海外留学人才团队，实现"滚动式"海外留学人才引进。从当前形势看，国际一流的创新创业文化似乎特别需要团队建设和氛围营造，针对所引进的海外高层次人才的基本结构来看，适当通过柔性和硬性方式吸引纯外籍人士进入计划，显得有一定必要性。

（五）以特区建设突破引进中的制度障碍

目前国内从中央到地方都极为重视高层次人才的引进和培养，将其视为人才工作的重中之重，但是限于既有制度框架，在引进和培养海外高层次人才上存在较多的体制机制障碍。各级各地政府在积极引进的同时也尝试通过政策创新为引进海外高层次人才创造良好的体制机制环境，而建设"人才特区"进行体制机制试点和创新是地方政府普遍采用的方式。江苏、北京、上海、湖北、广东和浙江都进行了"人才特区"探索，具体而言，中关村人才特区、武汉东湖高新区、上海杨浦人才特区、无锡人才特区在全国比较有影响力，其中部分省市专门出台了关于打造地区性人才特区的意见，力推了诸多创新的政策措施。

我们曾经对四省四个典型的人才特区——南京紫金人才特区、武汉东湖高新区、广州开发区和杭州海创园进行了比较，从中可以发现：①从建设目标上，四个人才特区目标较为一致，都旨在打造成地区性的人才高地，建成人才集中、创新密集的人才特区。②在创业资助上，杭州海创园提供的资金支持力度非常大，与广州开发区相当，而高于其他两个特区，能为高层次人才提供不低于500万元的启动资金支持、不低于500万元的创业投资基金的跟进投资、最高500万元的贷款贴息、不超过150万元的房租补贴。③在税收优惠上，都在不同程度上将新创科技型企业和个人所得税的地方留成部分奖励给企业和个人，奖励力度接近。④在投融资政策上，除紫金人才特区没有给出具体的政策外，其他三个特区都提出设立政府创业风险投资引导资金，东湖高新区和广州开发区对金融机构入驻提供奖励，东湖高新区对创业投资机构投资失败给予补偿，广州开发区对上市企业给予奖励，海创园则积极发挥银行的作用，建立"风险池"、创新信贷模式。⑤在创业服务上，由于紫金人才特区和海创园都是新建的特区，创业服务有所欠缺。东湖高新区和广州开发区都为创业企业专门派驻服务专员，帮助处理与企业外机构各类关系。⑥在生活服务上，四个人才特区都在努力解决人才住房和其他生活保障问题，其中紫金人才特区和广州开发区提出了给予海外高层次人才特别政治待遇的尝试。

第三节 海外高层次人才政策弱点

全国各地海外高层次人才政策集中出台于2008—2011年，特别是2009年国家“千人计划”启动实施之后，一般都寄希望于通过3～5年时间完成数百到上千人的引进目标。[①] 据有关统计，2014年各地人才引进计划共引进高层次留学人才7257人；“千人计划”引进海外高层次人才总数预计超过5000人；截至2014年底，全国共有留学人员创业园305个，入园企业2.2万家，6.3万名留学人才在园创业。[②] 可以说，从引才数量上全国都取得了重要成效。但是，综合政策出台时间节点、人才引进类型、引进标准、使用方式看，省级政府之间的政策要点大同小异，特色不显著，地区间人才竞争难免，造成一些拟归国的海外人才“待价而沽”，人为抬高引进成本，降低人才引进针对性。[③]

(一)引才领域的重叠

不少研究都注意到了各地海外高层次人才计划的同质化问题，包括人才计划一般都偏重于战略新兴产业，对结合自身的产业发展特点引才的冷静分析不够，跟风冒进而不顾引才成本的导向比较明显。进而，在各地方政府之间形成了海外高层次人才政策的同质化竞争问题，带来了部分人才四处“走穴”“赶场”和频繁跳槽、无序流动的现象。其间，地方政府之间相互攀比的倾向起到了推波助澜的作用，在不少地方引进人才工作甚至成了政绩工程。以江苏的苏锡常

① 从大部分地区的事实来看，一般都超过了海外人才引进计划所规定的引进规模。

② 崔清新. 研究出台普惠政策 吸引海归创新创业[N]. 解放日报，2015－03－18，第6版.

③ 资料来源：朱军文，沈悦青，刘念才. 提高省级政府海外人才引进政策实施效果的若干建议[Z]. 教育部科学技术委员会《专家建议》，2013年第6期，2013年4月5日.

地区为例，无锡市2006年启动实施的针对海外高层次人才的"530计划"，一次性给予引进人才100万启动资金；常州2006年同样给予100万元创业扶持，但2007年调整为200万元，2008年又增加至300万元；苏州2007年规定给予200万元，2010年增加至250万元，呈现一种"螺旋上升"势头。

当前多数地方的海外高层次人才政策基本上都聚焦于满足国家战略性新兴产业的高端人才，特别是集中在节能环保产业、新一代信息技术产业、生物产业、高端装备制造产业、新能源产业、新材料产业、新能源汽车产业等《"十二五"国家战略性新兴产业发展规划》所规定的领域。引才领域的重叠很大程度上又是各地十分雷同的产业结构带来的。2008年以来，在国家投资驱动发展政策的大导向下，各地一哄而上，重点发展新材料、新能源产业。产业领域的重叠带来了对人才需求的重叠，在政府主导海外高层次人才引进的条件下，人才需求的重叠不可避免会带来引才领域的重叠，尤其是在邻近地区之间。

全国90%以上的地区选择发展新材料、电子信息和生物医药产业，80%的地区选择发展节能环保产业；在北京、上海、宁波、深圳、温州五个城市中，90%选择了新一代信息技术、先进装备制造和节能环保产业，80%的地区选择了生物医药和健康产业。① 有研究表明，长三角各城市之间产业结构趋同化突出，除浙江舟山以外，其余各城市之间第二产业的产业结构相似系数都在0.9以上。② 长三角各城市之间对人才的争夺必然激化，无锡与苏州、常州之间的奖励竞赛正是建立在这个基础之上。实践中，各地对人才的产业要求往往是大而笼统的。各地引才计划虽然都强调人才与产业的匹配和对接，但从计划的具体内容看，各地引才计划在产业领域并未做很好的细分，通常都是笼统地围绕几大新兴产业，结果表现为"强调高端，但不知道要高在哪；强调产业，但没有具体的细分"。这进一步加剧了对人才的争夺。③

在引才领域高度重叠并进而带来引才结构的问题。从政策实际看，各地海外高层次人才引进主要集中于学术创新人才、创新创业类人才和部分企业高管

---

① 吕薇等著. 区域创新驱动发展战略：制度与政策[M]. 中国发展出版社，2014年版，第84页.

② 周荣荣. 长三角产业结构优化调整与经济转型升级[J]. 江苏社会科学，2012年第6期，第78—83页.

③ 吴帅. 府际关系视野下的我国海外引才政策同质化研究[J]. 中国行政管理，2014年第9期，第89—92页.

类人才，从政策初衷看，更多倾向于高水平的创新创业类人才，但在事实上和在部分地区的最终成效有所偏差。全球产业领域所需的高端人才卖方市场已经形成，事实上就带来了引才过程中政府始终处于被动地位的局面，引才成本进而上升。在这种盲目引才竞争中，实际上所引进的海外人才并非是当地经济发展所需要的人才，对人才引进工作的长期成效是一种负效应。此外，国家长远发展所需要的产业领域人才和高端管理类人才的回归没有得到充分激励。目前，各地在海外高层次人才引进中比较偏重短期效应，短期研发项目需求占据主导，忽视具有潜力的年轻人才和人才梯队建设，以至于有些海外人才回国创业中深感人才团队建设困难；过于偏重自然科学与工程技术领域，而忽视了人文社会科学领域，特别是公共管理、金融服务方面的高端人才。此外，各地真正引进的外籍人才来华服务的情况少之又少，这不利于形成高大上的创业创新文化氛围。

（二）引才模式的雷同

朱军文等（2013）通过对省级海外人才政策的比较发现，各省政策出台时间集中、标准较为雷同，人才引进规模、人才使用方式均较为类似，造成各地在人才引进上的“恶性竞争”和拟回国人才“待价而沽”或在多个地区间竞相要价现象。一方面人为抬高引进成本，另一方面也可能降低人才引进的针对性，各地区以“竞价方式”获得的高层次人才与原有人才之间的融合也相对困难。① 吴帅（2014）对比分析了全国10个地区及中央“千人计划”的引才政策，发现存在两种类型的政策同质化：一是纵向同质化，即自上而下的“政策同构”，自下而上的“政策对齐”；二是横向同质化，即不存在隶属关系的各地方政府出台相似的政策，这种同质化并非是对上级政策的复制，而是各地方政府在其管理权限内开展的竞争性模仿，或者说是一种“竞争对标”（Competitive Benchmarking）。②

① 朱军文，沈悦青．我国省级政府海外人才引进政策的现状、问题与建议[J]．上海交通大学学报（哲学社会科学版），2013年第1期，第59－63/88页．

② 吴帅．府际关系视野下的我国海外引才政策同质化研究[J]．中国行政管理，2014年第9期，第89－92页．

表 5-3 10 个地区引才政策同质化测度

维度	指标	中央“千人计划”	地区比较	维度	指标	中央“千人计划”	地区比较
政策主体	行政领导	√	100%	政策工具	孵化平台		50%
	行政化评价	√	100%		经费/融资支持	√	100%
	财政支持	√	100%		薪酬		20%
	引才工作站		70%		一次性奖励	√	100%
政策客体	年龄要求	√	90%		税收减免	√	60%
	学历要求	√	100%		居留签证	√	80%
	职称要求	√	100%		社会保障	√	80%
	经验技术	√	100%		子女就学	√	100%
	专业要求		20%		配偶安置	√	70%
	产业要求		40%		购房租房	√	80%

说明:表中的百分比表示 10 个地区采取同一措施的比例,“√”表示中央“千人计划”采取了相同措施。各地对引进创新人才和引进创业人才的规定侧重点有所不同,本表对两类人才的指标进行了综合。资料来源:吴帅.府际关系视野下的我国海外引才政策同质化研究[J].中国行政管理,2014 年第 9 期,第 89—92 页。

从创业扶持到生活服务,从资金融资保障到创业过程服务,从居留权利到医疗保障,各地方政府可谓使出了浑身解数来吸引海外高层次人才。但人才计划支持、生活保障等措施在地区间差别不大,除了力度上的差异外,实际上并未彰显地方特色。无论是东部发达地区还是中西部欠发达地区,人才政策创新的着力点普遍局限在物质方面的拼待遇、比实力上,攀比现象严重,缺乏全局的、整体的、系统的、长远的战略谋划,对影响人才事业长远发展的体制机制、价值取向、文化理念、生态环境等普遍顾及不够,这样就不可避免地直接或间接影响到人才队伍综合实力增强和人才国际竞争力的提升。①

而事实上,一些研究也反映出,海外高层次人才对国内最不满意的创新创业条件并非是资金支持和生活保障,而是整体上的创新创业环境。如纪韶和朱志胜(2014)对北京市海淀区海外高层次人才的调查发现,海归高层次人才对国

① 倪海东,杨晓波.我国海外高层次人才引进与服务政策协调研究[J].中国行政管理,2014 年第 6 期,第 110—113 页.

内市场环境满意度一般；对国内市场诚信度和银行资金获取方面的满意度最低；对回国创业政策扶持的总体满意度要高于市场环境，偏向比较满意水平。① 从引进力度来看，各地基于经济实力差别而带来的引才力度特别是引才资金投入存在显著差距。就本书所关注的六个省市来看，湖北省的力度相对最小，广东、江苏的支持力度相对较大。从全国来看，中西部地区海外高层次引才，从资金投入、引才标准、人才待遇到引才效果与东部发达地区都存在明显差距。在过去一段时间内的引才竞争中，中西部地区已经远远被甩在了后面，其原有的高层次人才还在不断流失，这将对中西部地区战略性新兴产业的发展形成产生十分不利的影响。如何解决因经济实力差距而导致的海外人才引进工作区域间相对均衡，使得“人才需求”与“支付能力”之间的完全相关关系得以打破。② 如果要实现这一点，必须在国家层面统筹考虑建立类似“转移支付”的制度，对中西部地区引进海外高层次人才给予适当补贴，适当扭转这种“马太效应”。

2013 年 5 月北京市人力社保局发布《北京市人才引进公开招聘管理办法》，扭转了以往需要在该单位工作若干年后再走引进渠道的做法，变“先用后引”为“先引后用”，只要引进人才属于全市发展重点、急缺领域且有空缺岗位即可申请引进、落户北京，配偶子女同时给予倾斜性解决。在北京市对科技人才吸引力相对下降的背景下，这也可视为一种竞争性的人才争夺手段。天津市对海外留学人员在津创新创业出台“零房租”（即免费提供创业前期所需场地）、“零税收”（即按上交企业所得税额进行全额奖励）、“零首付”（即创办科技型中小企业不要求实收资本）在内的多项举措，吸引人才，留住人才。

① 纪韶，朱志胜．海外高层次人才回国就业创业调查——基于北京市海淀区案例[J]．领导文萃，2014 年第 6 期，第 121－124 页．

② 资料来源：朱军文，沈悦青，刘念才．提高省级政府海外人才引进政策实施效果的若干建议[Z]．教育部科学技术委员会《专家建议》，2013 年第 6 期，2013 年 4 月 5 日．

第六章　讨论与建议

本书以“创新驱动”为导引，并贯穿全书，作为书籍的逻辑归依，换言之，海外高层次人才区域性政策应该以“创新驱动发展”为出发点和落脚点。具体而言，各省域应该注重从提升经济社会发展水平、力推产业转型升级、蓄积高端智力资源、汇聚紧缺创新要素的高度来重塑海外高层次人才政策体系。创新驱动发展视角下，区域（不单单是省域，还包括创新重镇集聚的区域中心城市，如苏锡常地区）间存在着较为激烈的海外人才引进和相关政策的竞争。虽然“世界是平的”，但在区域间由于“产业公地”①的存在，区域小环境的形成对本地区而言具有重大意义，不能幻想通过临近地区或其他相关区域的先进政策充分享受人才引进的辐射福利。区域海外人才工作优势的形成，对于形成本地区的创新驱动发展优势具有根本意义。此外，一旦高层次科技人才引进并发挥作用，他将对本地区企业产业或某一行业的“共性技术”产生重要的推动作用，带动一批人才、提升一类技术、撬动一些产业，此后无论是走或留，其对本地区经济产业发展的激励作用已经形成，便具有长期意义，这或许可以称之为“人才公地”。通过以上几章内容的分析，我们不难发现，在国内部分发达区域已经形成了政策高地，这些地区也就成为创新驱动发展的排头兵——虽然这里面也有个鸡生蛋蛋生鸡的问题。本章的讨论先从“创新驱动”发展的基本面分析入手来阐述海外高层

① 加里·皮萨诺，威利·史著，机械工业信息研究院战略与规划研究所译．制造繁荣：美国为什么需要制造业复兴[M]．机械工业出版社，2014 年版，第 84—85 页．

次人才引进工作的阶段性变化，继而提出区域性海外高层次人才政策的建议。

第一节　海外高层次人才引进阶段性变化

近十多年来，海外高层次人才政策在国家人才战略和科技人才政策体系中的地位持续提升，全社会关注度也前所未有。人才政策是国家政策体系的有机组成部分，海外高层次人才政策与经济社会发展形势密不可分，就像军事是政治的延伸一样。规划、推出、调整海外高层次人才政策必须根据人才引进情况、经济社会发展形势、产业结构发展状况而相机抉择。在政策的狂风飙进之后，基于全面深化社会领域综合改革的大背景，以及经济社会发展"新常态"的出现，我国海外高层次人才政策必将迎来一个深度调整的阶段。

（一）三个阶段的基本划分

纵览国内外政策状况及引才实践，本书把海外高层次人才工作演变划分为三个阶段：人才引进饥渴期、人才引进温饱期和人才引进富足期。三个阶段并不存在明显的时间界限，其间是相互交叉和循环演进的关系，不同地区在同一时间点上可能处于不同阶段，尤其是在我国这种东、中、西部经济社会发展差异巨大的国家更是如此。

1. 阶段基本特征分析。以我国京、沪、粤、苏、浙、津等东部发达地区为参照，以 2000 年左右为时间起点，我们认为，基本上可以把海外高层次引才引进工作分为三个阶段：①饥渴期，大约为 21 世纪的前 10～15 年，这一阶段，各级政府千方百计、不计成本、多种渠道、多种手段引进各种水平、各种行业领域的海外人才；②温饱期，大约从 2015 年开始，预计持续至 2020 年或 2030 年，这一阶段随着人才引进数量的增加，各行业人才存量相对丰富，需要调整政策重点，突出"高、精、尖、缺"导向①，引进相对高端的海外人才，查漏补缺式地引进海外人才；③富足期，2030 年以后，伴随着经济社会发展水平达到发展中国家后期水

① 2015 年 3 月 17 日召开的留学人员回国服务工作部际联席会议透露，2015 年将进一步加大海外高层次人才引进力度，实行更积极、更开放、更有效的政策，吸引更多海外高层次人才回国（来华）工作。

平，这一阶段海外人才将进入自由流动、自由发展的状态，甚至海外人才政策可以达到“无为”状态。

(1)人才引进饥渴期。之所以称为“饥渴期”，是因为在这个阶段，社会发展的各领域特别是经济产业领域对海外高层次人才存在强烈需求，一般与经济快速发展阶段相一致。基于此，政府可以借助于行政力量启动大规模引才计划，借助于多种渠道和方式，尽快地填补人才需求真空，极大释放人才引进工作的边际效应。在这个阶段，政府政策体现出明显的“保姆式”特征，即从创业支持到生活保障措施无一不全。对海外人才，不但要引进来，而且要“扶上马”“走一程”。在此阶段，海外人才政策不太会考虑具体的产业细分领域，“短期效应”趋向比较明显，因此出现引进人才“摩擦性流失”状况不可避免，即引进人才并不能充分发挥作用，人一岗不匹配，甚至出现“人才冗余”。政府政策出现“政绩冲动”而导致“政府失灵”也算正常。当然，这些引才成本并非毫无意义，它弥补了原有人才队伍结构不完善，一定程度上解决了经济产业发展的迫切需求。

(2)人才引进温饱期。之所以称为“温饱期”，是因为在这个阶段，经济直接发展所需要的海外高层次人才已经基本上得到满足，人才存量/储备达到较高水平，特别是人才队伍结构中的中低端人才已经不需要通过特定的“政策”来引进。此阶段，人才需求逐渐从直接的经济领域转移到更加广泛的社会发展领域，从层次转换来看，更多需要具有行业、领域、学科中具有世界前沿水平的高端人才。这个阶段对应着经济转型发展阶段，经济社会内涵式发展的诉求逐渐凸显出来，即产业的转型升级伴随着人才引进的转型升级。

人才数量特征导致人才政策模式的变化。由于跨越了人才引进饥渴期，海外人才政策已经不需要千方百计地、处心积虑地以人才引进数量为导向来设计，更多应该注重创新创业环境的营造，使海外人才更好地发挥作用。在这个阶段，政府在海外高层次人才引进中的主导作用将逐步减小，实现政府主导与市场机制相结合。而由于人才资源的相对充足，在引进模式上，将更强调全职引进，而不再青睐“候鸟式”的智力引进，只有这样才能充分发挥其在引领某方面发展中的真正作用。基于此，人才引进渠道将更加注重针对性，如借助于跟踪分析、信息搜集甚至借助于猎头公司挖取海外高端人才。

从政策支持来看，由饥渴期的“全面支持”向着重提供“创业支持”和市场环境营造转变。特别是不应该再以住房、生活补助等方式进行物质激励，正如调研中有管理者所说,"如果高层次人才连最基本的生活条件也需要帮助的话,那就不算什么人才"。即使是"创业支持",也要跳出简单的一次性资金支持的方式,向更加市场化的资本运作模式转变,在投融资方面着力。之所以有这种转变,一是基于人才引进逐渐向真正的高端人才转变的事实,而高端人才更加看重创新创业环境;二是因为政府强力主导作用弱化之后,政府无力也没有必要提供更多的人才服务,更多服务可以委托给第三方机构操作;三是源于人才队伍相对充足,引才主要旨归是提升整个队伍的竞争力,政策重点应该是推动其向高端化演进。

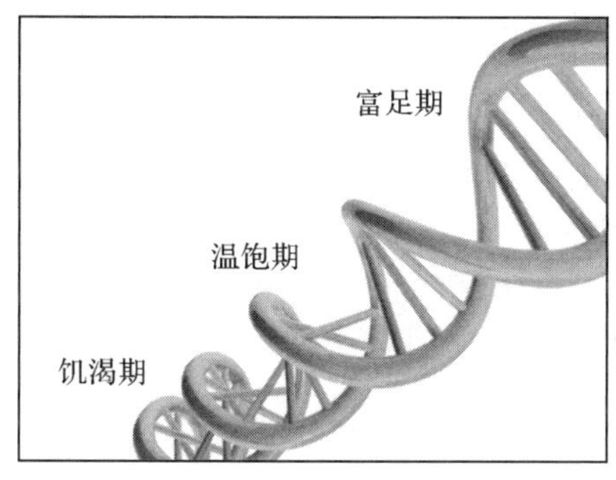

图 6-1　海外引才工作三阶段演进图

(3)人才引进富足期。之所以称为"富足期",是因为在这个阶段,经济社会发展所需要的海外人才基本上都已得到满足,人才的数量和结构与经济产业发展的契合度比较高。更明显的特征是,人才的集聚效应显现,在部分地区生成"人才富集区",与产业发展紧密结合对国民经济和社会发展启动重大的支撑和引领作用。在这个阶段,市场在海外人才资源配置中将起到决定性作用,人才政策将不会单单针对"海外高层次人才",实现本土人才与海外人才的无差别对待。海外高层次人才政策将变身"人才政策",支持的重点将实现内外人才的无差别对待,仅为引进人才提供稳定预期的创业环境支持。人才在国内外、省域间实现自由流动,政府无须考虑引进人才的"流失成本",因为更多的情况是政府根本上并没有付出多少引才成本。人才的使用效果完全由企业和市场来评价,政府不再主导评价过程。

海外高层次人才引进富足期是一种超理想状态,一般要达到当前少数发达国家的经济、科技、产业发展阶段才有可能实现。在这个阶段,海外人才将实现自由流动，基本不需要再提供额外的支持或帮扶，海外高层次人才能够在流动中实现自身价值最大化。在海外人才多向流动中实现“回流”、“环流”和“海鸥式”、“归海”等人才流动的生动局面。换句话说，海外高层次人才政策应该是注重“放水养鱼”效应的发挥。梁保华(2014)指出：政府在科技创新中的引领作用主要体现在营造有利于科技创新的政策环境、市场环境、法制环境和社会环境，促进各种资源的有效整合，激发企业和全社会的创新创业活力。① 本书认为，海外高层次人才引进的富足期政府的角色定位完全可以借鉴这一理念。

表 6-1 海外高层次人才引进工作不同阶段解读

阶段划分	饥渴期	温饱期	富足期
基本特点	人才存量不足，各行业人才需求迫切，规模化引进明显	人才保有量基本满足发展需求，高端人才不足	人才集聚效应显现，人才数量和结构与产业契合度较高
引才目的	充实人才存量，快速提升产业发展水平	完善人才结构，强化队伍竞争力	查漏补缺，保障队伍活力
与经济产业的关系	人才满足经济产业发展现实需求	人才引领经济产业发展	人才发展与经济产业发展和谐共生
引才主体	政府强力推动	政府与市场合力	市场主导为主
政策重点	创业扶持、生活保障	创业扶持为主，注重创新创业环境营造	创新创业环境营造
引进方式	柔性引进、全职引进	强调全职引进、柔性引进为辅	全职引进为主，兼顾智力交流
引才渠道	多种方式并举	针对性引才	打通海内外人才市场，实现自由流动
人才评价	简单化的政府评价	政府和企业相结合，逐渐引入市场评价	主要依靠企业和市场力量评价

2. 所处阶段的基本判断。通过对各地区海外高层次人才引进政策及相关实践的梳理，我们有一个基本判断，那就是东部发达地区或者说人才工作先进地区基本上已经向温饱期迈进，少数地区如北京、上海、广州、深圳等地已经处于温饱期。当然，温饱期只是针对海外高层次人才而言，并非说经济社会发展

① 梁保华. 大道先行[J]. 南京：江苏人民出版社 2014 年版，第 47 页.

的所有人才都已经得到满足。实际上，即使在京沪广深地区，人才结构与经济产业发展需要还不十分匹配，但通过大规模、政策扶植方式引进海外高层次人才的诉求已经并不明显而已。

当然，这里的温饱期中的"温饱"与邓小平理论关于社会主义发展三个阶段的温饱水平的"温饱"不同。在这个工作阶段，幻想引进一部分海外高层次人才就能对地方经济产业发展起到巨大的推动作用可能是不现实的，因为其受限于地方产业发展的人才容量，也受限于人才引进边际效应的衰减，还受制于人才政策的社会公认度可能降低的挑战。所以，要更加注重海外高层次人才在整体人才队伍中所能够发挥的作用，如果政策实施的边际效应衰减十分厉害，则可考虑减少政策体量和力度。当然这一结论有一些例外情况，如某学科领域突变式、颠覆性创新的出现可能带来部分行业产业的急速成长，此种情况下少数海外高层次人才的引进可能会具有以点带面的明显效应。

从整体上判断，我国目前东部部分发达地区的海外高层次人才引进形势已经迈向温饱阶段，而中西部大多数欠发达地区还处于饥渴期。在温饱阶段，应该特别注重海外人才引进和使用的软环境建设，特别是与西方成熟市场经济国家接轨的法治环境建设以及立足于法治环境的行政服务质量提升，尤其在十八届四中全会背景下，具有极强的现实意义。事实上，绝大多数海外人才的归国动因还是看重国内职业发展空间，①而非单单或更大程度上为了优越的生活条件，并且这种导向随着人才层次的提升而更加明显。在纪韶和朱志胜(2014)对北京市海淀区的海外高层次人才回国就业创业调查中，扶持政策中最令回国创业的海外高层次人才满意的是居留与出入境方面的政策，其次是子女教育、医疗保障及配偶安置，最不满意的是住房保障政策、股权激励、个人所得税及企业进口税收减免政策。国内政策执行方面满意度最高的是政府廉洁，其次是政策透明度，最不满意的是各项行政审批手续的办理。② 可以看出，海外高层次人才当前最为看重、也是我们亟须提高的部分就是创新创业环境建设，主要包括行政服务环境和金融财税政策两个方面。

---

① 纪韶，朱志胜. 海外高层次人才回国就业创业调查——基于北京市海淀区案例[J]. 领导文萃，2014 年第 6 期，第 121－124 页.

② 纪韶，朱志胜. 海外高层次人才回国就业创业调查——基于北京市海淀区案例[J]. 领导文萃，2014 年第 6 期，第 121－124 页.

(二)推动人才政策适时转变

与海外高层次人才引进阶段相适应,要推动人才引进政策的适时转变。人才政策的转型要立足于经济社会发展阶段以及由此决定的人才队伍状况,要体现前瞻性,服务于经济社会的长远发展;要有体现针对性,要有重点,针对不同年龄段、层次、领域,以及支持环节、作用方式,要根据阶段不同而有所变化。

1. 引才模式的调整。实际上,在海外高层次人才计划大规模出炉之前,我国针对海外科技人才的政策已经实现了多元化,特别是在 2000 年左右,已经实现了从单纯资助项目向资助项目、人才、基地的多元模式转变。特别是对基地、团队、学科建设的重视,①反映出海外人才使用中更加注重发挥其实际效应的基本诉求,因为单纯对人才个人的资助难以达到充分带动大项目出现和产生重大创新成果的目的。如 1996 年人事部提出的留学人员创业园,2001 年中科院提出的"科学家小组",2004 年开始的"长江学者和创新团队发展计划"等,均体现了这个特征。

在政府政策调整之外,还需要给予用人单位在对海外高层次人才的使用上更多支持。按照"政府为主导、用人单位为主体、人才资源市场化配置"的原则,除了用人单位主动向政府报告需要的人才外,用人单位可通过一些重大项目直接引进人才,按有关规定向政府部门申请资助资金、产业发展扶持资金,而无需再通过政府相关部门的审批。这会在一定程度上提高人才引进的效率。柳学智(2013)也曾指出,吸引海归人才要坚持发挥市场配置人才的基础性作用,尊重人才和用人单位的市场主体地位,让人才和用人单位在市场中自主结合;同时要消除影响人才自由流动的不合理的体制机制障碍。② 徐坚成(2011)也建议要以企业为引才的主要载体,形成市场化运作的海外留学人才和智力引进机制。③

最后,引才模式的调整还体现在需要进一步明确"引导社会资金支持海外

---

① 杜红亮,任昱仰.新中国成立以来中国海外科技人才政策演变历史探析[J].中国科技论坛,2012年第 3 期,第 18—23 页.

② 柳学智.中国海归人才发展趋势研究[R].节选自:王辉耀,苗绿编著.中国海归发展报告[R].北京:社会科学文献出版社,2013 年版,第 131 页.

③ 徐坚成.人才国际竞争力研究——以上海为例[M].上海:上海社会科学院出版社,2011 年版,第 167 页.

高层次人才创新创业”的相关政策。相比于政府直接资助，社会资金更具有流动性、更可能去发现潜在的商机。社会资金对海外高层次人才的创新创业可作为政府支持的重要补充。政府可通过鼓励各相关金融机构提供项目风投基金、资金信用担保、股权债券保障等其他资金扶持，建立市场化的投融资机制，来进一步加大扶持引进人才的创新创业。

2.团队建设与氛围营造。从进入21世纪之后十多年的人才政策实践看，各地对海外高层次人才的引进功利性特点相对突出，过于看重引进人才带来立竿见影的效益，对海外人才引进后成长的长期性、发展性认识不足，对人才成长环境的营造上有轻视、漠视、忽视、无视的现象。从人才评价这个对人才引进环境具有决定性影响的因素看，虽然不同领域、不同学科的人才评价方式、标准、考期理应有所不同，但评价标准普遍上的短期化、刻板化、庸俗化还是变相鼓励了高层次人才政策的短视，对于营造持续创新的环境十分不利。

随着各地海外高层次人才计划的深入实施，海外人才引进数量不断增加，不少地区已经进入人才引进的“温饱期”，甚至在向“富足期”跨越。在这一阶段，一般水平的海外人才存量较大，人才成长的环境诉求逐渐凸显，海外高层次人才政策应该重点指向两个方面：一是真正具有全球卓越水平的创新创业人才，这种人才应该具备引领战略性新兴产业发展的水平，带(重大)项目、(关键)技术或(前沿)团队的拔尖人才，可以类比无锡尚德的施正荣、杭州聚光科技的王健、北京中星微的邓中翰等等；二是对建立卓越创新创业环境的支持，这种支持应该针对企业、(各级)政府、人才本身，指向企业用人机制上的成功，政府在政策环境上的得力，以及人才本身在带领团队上的成绩，当然也可以包括其他社会主体在营造人才环境上的重要贡献。如果上述定位客观的话，那么今后的区域性海外高层次人才政策应该以本区域人才需求为依据，引进不低于现有海外人才整体结构性质量的海外人才，注重海外人才在激活现有人才存量创新潜力上的作用。

从地区海外高层次人才政策比较可以看出，除了广东之外，其他地区对团队引进重视不够，而这恰恰是应对科技创新环境与经济产业发展的必然选择。在大科学时代，团队协同创新逐渐成为创新创业的重要特点，这就不仅需要高层次人才发挥核心和带动作用，也需要一支沟通顺畅、结构合理的辅助团队支持。此外，加强以海外高层次人才为核心的人才团队引进，可以在局部实现学术生态的平移，在高层次人才与国内大的科研环境之间建立一个缓冲，有利于高层次人才更快地发挥所长获得认可，有利于归国人才逐步适应国内科研环境，减少在短期内产生冲突或出现“排异现象”。①

当前地方海外高层次人才引进有比较明显的两个误区：人才单体引进和顶级领军人才至上，前者自不待言，后者主要指人才政策往往紧盯“高大上”的高层次人才，如对一线高技术创新人才的忽视等。值得注意的是，不少相关研究都指出中国尚未引进顶尖的或者真正一流水平的海外人才，②但本书却更加倾向于认为海外高层次人才计划更应该关注于团队引才，而真正的一流人才靠长期不懈的环境改善和经济社会发展水平的提高来自然实现。

在经济转型升级发展过程中，单单引进顶级的人才个体是不行的，人才梯队搭建人才团队，人才结构匹配产业链条，则可以形成人才(团队)与经济产业发展的相辅相成关系，即人才链—创新链—产业链的融合。在当前创新创业背景下，我们还可以发现，只有创新团队才能极大提升创新效果，凝练重大创新项目，而领军人才“单打独斗”的项目，往往并不成功。因此，要革新地方人才观，人才引进的“兴奋点”要全面，注重产业发展“二次创新、二次提升”中对进一步挖掘“一线环节”的含金量和产业精准度的人才梯队的需求。③ 事实上，在海外高层次人才引进中，这类高层次人才还没有得到应有的关注。

3. 内外并举：海外与本土人才融合。与团队建设密切相关的一个议题就是海外人才与本土人才相结合的问题。④ 一般认为，在海外高层次人才大规模引进的阶段，或者说在海外高层次人才引进的“饥渴期”，海外人才起到的是“鲶鱼效应”，激发人才队伍活力，提升人才队伍创造力。在这个过程中，海外人才自身的边际效应也在不断提升。但类似经济学领域中的边际效应一样，拐点的出现应该在生产(引进)规模不断扩大的过程中不经意间出现。如果没有更好的配套措施，拐点之后海外人才的引进将会带来对本土人才创造力和创新成果的

---

① 朱军文，沈悦青，刘念才. 提高省级政府海外人才引进政策实施效果的若干建议[Z]. 教育部科学技术委员会《专家建议》，2013 年第 6 期，2013 年 4 月 5 日.

② 如 David Zweig，Huiyao Wang. Can China Bring Back the Best? The Communist Party Organizes China's Search for Talent [J]. The China Quarterly，2013(215)：590－615.

③ 新华网. 产业“人才观”：如何在“多元平行空间”中求突破？[EB/OL]. http://www.1000plan.orgqrjharticle/41415，2013-09-24.

④ 代丽. “千人计划”引发热议[J]. 科技导报，2009 年第 12 期，第 11 页.

"挤出效应"。

部分理论研究已经发现了这一点。如孙早和刘坤(2014)就发现:如果海归人才在细分领域内的竞争优势相对较小,海归人才的流入将对本土人才创新水平的提高产生积极影响;如果海归人才在细分领域内的竞争优势相对较大,将有可能对本土人才的成长产生抑制效应,该领域的创新贡献主要由海归人才完成。这一发现的政策启示是:如果公共资源过度向海外人才倾斜有可能会对本土人才的成长和水平产生消极影响,而从长远看,一国科技与产业竞争力的提升在更大程度上取决于整个人才队伍的水平与创新能力。①

具体来看,本书认为,在海外高层次人才引进向"温饱期"和"富足期"转变过程中,在海外人才市场机制相对完善的前提下,应该努力促成"海龟"与"土鳖"的融合,即都给予同等的国民待遇。我国在出台了针对海外高层次人才的"千人计划"之后,又适时地推出了针对本土人才的"万人计划",就是对这一状况的迎合。在理想状态下,海内外人才应该在同样的市场经济环境下,享受同等的创新创业支持,共同创造区域经济发展的辉煌。从目前看,这一诉求十分迫切,作者在不同地区调研中都发现,单单一个海外人才,无论多么"高端",都很难成事。要想成事,成大事,必须有团队支撑,有各种人才梯队的配合,所以在苏南地区出现了所谓"创业保姆"的概念。

第二节　海外高层次人才区域性政策建议

2015 年 3 月 13 日,中共中央、国务院发布《关于深化体制机制改革加快实施创新驱动发展战略的若干意见》提到,加快实施创新驱动发展战略,就是要使市场在资源配置中起决定性作用和更好发挥政府作用……坚持人才为先,要把人才作为创新的第一资源,更加注重培养、用好、吸引各类人才,促进人才合理流动、优化配置……更加注重强化激励机制。这个文件精神把创新驱动发展和人才工作的关系充分体现了出来,海外高层次人才政策要充分回应创新驱动战

---

① 孙早,刘坤.海归人才促进还是抑制了本土人才水平的提高——来自中国高等学校的经验证据[J].经济科学,2014 年第 1 期,第 102—113 页.

略阶段的宏观政策诉求。基于海外高层次人才引进工作的阶段性变化，本节提出海外高层次人才区域性政策框架，供学界讨论并寄望于对相关实践有所参考。

(一)以用为旨：引才工作契合需要

事实上，在国家人才发展规划纲要已经提出了人才“以用为本”的理念，这个“用”的内涵，一是引进工作要注意引进的人才要有用，强化人—岗、人—事的匹配度；二是引进了之后要充分发挥人才的作用，为其提供充分的创新创业平台。“以用为旨”的“旨”即表示旨趣、旨归，突出“用”的诉求和导向。

1. 结合经济社会发展需求。当前，各大地区都提出了振兴区域经济的产业发展计划，同时也设立了相应的海外高层次人才引进计划。苏南地区、北京地区、深圳地区、上海地区已经形成了规模较大的新兴产业集群，人才集聚效应逐渐显现，所以也在海外高层次人才引进中占得了先机。而其他大多数地区尚不能达到产业集聚与人才集聚的相辅相成、相得益彰之效。以产业发展吸引人才、留住人才、用好人才，是海外高层次人才政策发挥作用的最高境界，通过发展相关产业同时配套制定人才政策，把人才政策作为产业政策的一部分，是国际上不少国家的成功经验。

海外高层次人才引进后能否充分发挥作用，很大程度上是由区域产业集群、区域产业链、后期创业服务所决定的，而且产业障碍对于高层次人才创业成长影响较为显著，产业基础和保障已经成为海外人才创业成长的主要影响因素。[①] 在我们的调研中，不少人才都反映，其实真正具有拔尖水平的海外人才，更加看重的是区域的创新环境、产业基础，尤其是产业链的完整度，直接的激励政策或资金投入，还居于相对次要的地位。今后，区域性海外高层次人才政策应该更好地整合地方创新创业载体，不断完善产业结构和产业链条，使得人才资本、产业基础和金融支持充分融合。在产业政策上，不应该单单注重面上的“横向”拓展，而应该特别注意形成完整的产业链结构，并进而形成区域产业集群。各地方政府应该注意实施差异化海外引才政策，包括在引才途径、引才方式、评价方式、使用激励等方面，以节约引才成本，凝练区域人才政策核心竞

---

① 顾勇，何会涛，柳卸林. 海外高层次人才在华创业成长障碍分析及对策研究——以苏州国际精英创业周为例[J]. 工业技术经济，2013 年第 10 期，第 23—31 页.

争力。

经济产业发展与海外高层次人才引进间应该是相辅相成、螺旋上升的过程：经济产业发展表现优异，特别是结构合理、战略性新兴产业发达、研发投入稳健，则其引才尤其是引进高层次人才成功的可能性更大，条件保障也会更加扎实，政策效果将更加明显、彰显的速度也会更快；如果海外高层次人才引进中，政策到位，力度合适，引进人才结构合理，综合成效明显，则自然可以有效支撑经济产业取得快速发展。研究就表明，地区本土人力资本吸收能力越强，其接受海归知识溢出的效果越好，省际海归回流的知识溢出效应在东部、中部、西部呈递减趋势。① 这比较明显地说明了二者之间相互影响的相关关系，特别是说明新兴产业发展和市场环境完善对海外人才创新创业成功具有显著保障作用。

2. 适当超前蓄积人才存量，把握工作前瞻性与现实需要间的关系。海外人才引进政策中始终存在着一个重要的价值取向议题：究竟是满足当前现时需要为导向，还是从长远需求出发适当涵养人才。如果是前者，就必须以应对当前经济产业发展为本，在数量上持相对保守策略；如果是后者，就需要超前规划未来发展，实施相对扩张的人才战略。因为，在处于经济转型期、上升期、扩张期的我国情境下，后者的需求数量很可能大于前者，而需求层次则必然高于前者。当然，实施扩张战略，必然带来短期成本的上升和人才引进风险的加大，与"八项规定"下的时代背景似乎相悖。

海外高层次人才引进工作是一项长期的、系统的、艰巨的任务，要把人才的现实需要与人才引进、储备、培养、使用的前瞻性结合起来，一方面，人才引进工作要紧密结合当前经济产业发展的需要，引进短期内急需的海外高层次人才，即"以用为本"；另一方面，由于高层次创业创新人才对经济产业的拉动作用和生发作用非常明显，所以，要结合本地区经济社会中长期发展定位，考虑人才存量，制定符合国情省情并具有长期指导意义的引才规划。此外，必须在风险控制、团队建设、创业融资、考核管理等方面详细规划，做到未雨绸缪，早做铺垫；既要避免急功近利，只顾眼前需要的人才引进方式，也要力戒脱离实际，盲目赶

---

① 杨河清，陈怡安. 海归回流：知识溢出及门槛效应——基于中国的实证检验[J]. 人口研究，2013年第5期，第91－102页.

超的倾向，使人才事业的发展始终与经济社会的中长期发展保持适当平衡。从实践来看，各地区尚未充分意识到这个问题，政府政策引进人才更多是为了回应当地经济产业发展的现时需要，并且不少地区以引进什么人就发展什么的随机性表现为主。同时，在海外高层次人才使用过程中，不少人才“自然淘汰”了，没有看到保持其中蓄水池中的政策举措。

立足于海外高层次人才引进发达地区的实践，本书倾向于认为在我国的多数地区都可以尝试相对扩张的人才引进战略，在充分考虑区域经济社会发展中长期需求基础上扩大引进规模，尤其是在高端人才的引进上。换句话说，应该基于对本地区经济社会发展尤其是对产业结构的现状、趋势与变化的全面把握而制定中长期内的人才需求，并依此适当蓄积一定的人才储备。超前蓄积人才存量更应该坚持宏观的政策视野，在居留政策、社会保障政策、人口与计划生育政策等方面早做策划。当然，这里会存在一个可能性的问题，即在区域经济承载力有限的情况，高端人才并不会自然前来。想要实现超前蓄积人才存量的目标，还必须借助于多元手段和多种方式。这就要求即刻着手建立海内外高端人才信息库，对国际上相关行业领域的高层次人才进行摸底，鼓励或委托成立全球高端人才搜索器——猎头部门，注重相关领域人才的跟踪了解，并在合适的时机以合适的成本予以引进。此外，蓄积人才的政策还必须充分考虑人才对象，要对那些具有战略储备性质或条件的人才进行储备。

表 6-2　海外高层次人才属性区分与引进定位

	对 象	要 求	工作所属	引进对象	引进方式
引来即用型人才	创业类人才为主，包括经营管理类和部分技术创新人才	与中短期内本地经济产业发展相契合，能够短期内产生看得见的效果	高新技术企业、新兴产业等企业及产学研平台、政府管理部门	知名企业、金融机构、中介机构中担任高级技术职务的专业人员和国际组织、政府机构、著名非政府机构中的高级管理人员、专家学者等	全职引进，全日制到岗
战略储备型人才	创新类人才为主，包括部分技术骨干人才	瞄准国家重大科技项目和世界科技、产业发展前沿，长期内发挥重大作用	主要为科研院所、高校、国有大中型企业等	研究机构、高等院校，掌握关键领域核心技术的专业技术人员，拥有独立自主知识产权且其技术成果具备世界先进水平和市场潜力的人员	全职引进，辅以柔性引进方式

3.科学规划引领政策框架。人才政策必须体现长远性、稳定性，进而实现可持续性。在海外高层次人才引进的蓬勃发展期，摸着石头过河的人才政策频繁变化和层出不穷，是难免的。但是，在目前政策实践已经有所积累，海外人才存量具备一定规模，创新驱动更加注重发展质量的背景下，建立具有长远指导意义的政策框架则成为必然。在走过“转型发展”阶段的发达国家，人才政策相对稳定，用技术移民政策、长期居留权、留学生制度、绿卡制度等对政策予以固化，只是随经济社会形势发展而做出微调。这样做的好处是海外人才能有比较稳定的预期，而不会面对朝夕变化、琳琅满目的政策无所适从，对人才政策的整体效应具有积极意义。

而要建立具有长远性的海外高层次人才政策框架，前提之一便是对经济社会发展形势和海外人才的未来需求进行科学分析，尤其是对海外高层次人才的学科领域、层次结构、引进来源进行科学规划。在国内若干人才引进成效较好的区域，运用数据搜集手段建立相关人才数据库的工作已经逐渐开展起来。但在政策过程中，充分把人才需求与经济社会发展结合起来的数据分析和调查研究尚不多见。与经济产业发展规划较为契合的海外引才计划，最有可能实现知识技术的溢出效应，并能够实现海外人才引进与区域经济社会发展之间的相辅相成关系。

政府计划的整合撤并是人才政策适时转变的重要方面。原因在于：层级政府间过多过滥的计划体系干扰了各区域人才安心创新创业的局面形成，甚至成为不少人在不同区域间多重套取好处的渠道。除了国家加强省域间海外高层次科技人才计划的统筹协调、扭转海外人才引进工作各自为政局面之外，至少在各省级层面应该注重形成海外高层次人才引进工作的特色化，凝练本地区人才计划的“核心竞争力”。

建立国家层面的海外高层次人才信息服务平台和工作机制是实现政府间人才计划整合的重要手段选择。另外可借鉴香港“优秀人才入境计划”，完善差异化的地方引才政策，同时在优势互补、合作共赢的基础上构建利益共享机制，加强区域间的引才合作。① 在国家层面，进一步加强全局性、总体性的统筹协

① 杨河清，陈怡安.海外高层次人才引进政策实施效果评价——以中央“千人计划”为例[J].科技进步与对策，2013年第16期，第107－112页.

调，引导各地方立足于自身的产业基础和比较优势引进海外高层次人才，加强各区域之间的交流与合作，杜绝恶性的同质化竞争。

（二）以人为本：用才过程体现关怀

1. 充分建立“以人为本”的引才观。《国家中长期人才发展规划纲要 2010—2020》中提出“服务发展、人才优先、以用为本、创新机制、高端引领、整体开发”的人才发展指导方针，其中“以用为本”常被冠以核心要点，其基本涵义为：第一，不贪多求高，用则引，不能用、不必用则不引；第二，创造人才发挥作用的环境和平台，把精力放到用人上。可以说“以用为本”是一个注重引才和用才相结合的理念。对于海外高层次人才而言，“以用为本”不如“以人为本”更为确切。“以用为本”的负面影响表现在：以项目为本，大项目、显项目、熟项目更能进入我们的引才视野；以短期效益为本，突出人才实用性、适用性，长远性、战略性引才相对不足。这两种倾向都有合理之处，但在海外引才形成一定规模、体制机制改革进入深水区之后，必须适当将“以用为本”的思路转变为“以人为本”的理念。

简言之，以人为本理念突出人才本身的价值，即注重其在长期内对本地区经济社会发展的战略性推动作用。在引才中，改变单单以经历、业绩（专利、论文、项目）、职务（职称）为评价标准的现状，要注重人才的德能勤绩廉等各方面，使人才的效果在长期内稳步释放。合理的考核评价制度对于激发海外高层次人才创新创业潜力具有重要意义，只有科学合理地考核人才，才能客观准确地评价人才，也才能切实有效地激励人才，从而不断促进海外高层次人才作用的充分发挥。目前对海外人才引进阶段的评价标准比较单一，主要是依据其在外取得的学位、科研成果和创业（成功）实绩等。对海外高层次人才拥有的无形资本，如丰富的创新创业经验甚或失败教训，并没有有效的发现机制。

此外，对于已经引进的海外高层次人才的创新创业成果尚缺少多元化的考核方式，一般以上交利税、生产总值、企业规模等硬性指标为主（当然可能是柔性的或长时段的考察）。海外高层次人才的考核评价和激励机制必然不同，所以必须充分考虑其特点，注意在“体制外”开辟空间，使得海外高层次人才能够顺利地由“体制外”融入到“体制内”，此外还要探索面向未来复杂性人才结构的高技能人才多元化评价机制。建立海外高层次人才工作考核机制和人才评价机制，针对科学研究、工程技术、科技管理等各类专业科研人才的不同特点，制定不同的评价标准、激励措施，逐步建立能充分发挥海外高层次人才作用的管理体制。在引进合乎战略需要、能够为本地区发挥作用、个人情商素养比较高的人才基础上，考虑项目孵化、技术扩散、产业发展等，同时考虑海外人才发挥作用所必要的保障条件。

中央提出要增加政策的“含金量”，围绕各类人才和用人单位反映强烈的问题推进人才政策创新，以解决问题的多少和效果来检验和评价政策创新的成效。基于此，“十三五”期间海外高层次人才引进政策必须从实际出发，扎扎实实解决当前存在的问题。各区域都要注重形成全方位、战略性的海外高层次人才引才思路，突出抓好高层次科技创业创新人才的引进，引进急需的高级经营管理人才，加大青年海外高层次人才引进力度。推行“岗位聘用＋项目聘用”的用人制度：对科技领军人才、学术技术带头人、高水平技术支撑和优秀管理人才，采取“岗位聘用”的方式，保持相对稳定；对于根据阶段性科技任务需求而聘用的青年人才、博士后、访问学者等实行相对灵活的“项目聘用”。

2.注重计划、政策间有效衔接。海外高层次人才计划，包括直接完全针对海外人才的工作计划，如中央“千人计划”、地方性“千人计划”，也包括其他人才计划中部分针对海外人才的条款。而加强计划间的有效衔接，要充分考虑非针对性计划中针对海外人才的内容，整合计划体系之前，应该首先明确这部分内容，继而梳理直接完全针对海外人才的工作计划。衔接性问题解决的好坏，直接关系到高层次人才政策的国际影响力，政策体系的可容纳性；政策要有重点和针对性，各项政策间要有充分的配合，发挥政策整体效应。

现有各类人才政策之间的衔接，就是要实现人才政策之间的无死角，即基本上对各类人才都有相应的支持措施，使得那些有潜力的海外高层次人才都能找到对应政策支持；又不能有重叠，即对不同人群的支持应该是互补的，而不应该是多重的。对前一种要求，可根据经济社会发展状况进行适当调整，即在经济发展到一定阶段的时候，可以弱化甚至取消对部分没有必要提供支持的人群支持。

建议各省域海外高层次人才主管部门牵头梳理现有政策，明确各类奖励补贴、生活补助、优惠待遇等政策之间的衔接关系，在贯彻落实国家宏观海外人才政策过程中将地方人才引进政策与国家人才引进政策结合，促进地方人才政策与国家人才政策实施相协调。每个地方政府都应该针对本省不同产业结构需求，制订和实施紧缺人才海外高层次人才引进计划，并创新人才引进和服务模式，重点引进支柱产业、基础产业、新兴产业和重点项目等急需的各类高层次人才。如《中共深圳市委深圳市人民政府关于实施引进海外高层次人才“孔雀计划”的意见》强调：“根据产业结构优化调整的需要，每年定期向社会公开发布深圳市海外高层次人才重点引进目录，并及时发布用人单位对高层次人才的需求信息。”

实践视角：强化海外人才计划间的有效衔接

为选拔和培养各类创新人才，上海市科委陆续设立了培养领军人才的学术、技术带头人计划，资助海外归国高端人才的浦江计划，以及培养 35 岁以下年轻人才的启明星计划。2014 年，又启动上海市青年科技英才扬帆计划（简称“扬帆计划”），主要面向在沪高校和科研院所等单位 32 周岁以下的在岗科研人员，要求具有硕士（含）以上学位，无省部级（含）以上项目主持经历，且非在站博士后。首批“扬帆计划”拟资助 150 人，每人 10 万元，为期三年。与此同时，“扬帆计划”获得者在项目结题后，可继续申报针对 35 岁以下年轻人的国家青年基金和上海市启明星计划。各类人才计划之间即可实现无缝衔接。（《文汇报》2013-12-17）

3. 创新人才服务模式。近年来，随着各地对高端居留环境建设的重视，海外高层次人才回国的生活条件已经得到极大改善，这也是源于这方面情况改善的效果显现相对较快。因为只要政府重视，增加投入，生活环境、生活条件、生活保障设施等都可以短时间内改变。但是，创新创业的大环境并非一蹴而就，海外人才对创新创业环境的公认度更不是三年两年就可以建立起来的。应该说，后者才是今后海外高层次人才需要特别侧重的方面，——如果我们只想引进真正“高水平”人才的话。

海外高层次人才创新创业服务模式改进应该更加注意发挥市场机制的作用。通过天使投资、风险投资等各类创业投资机构、国内外知名的人力资源服务机构“选才”、“引才”。① 换句话说，政府要把更多的人才引进服务和功能委托

① 国务院发展研究中心人力资源研究培训中心“中关村人才特区建设研究”课题组. 海外引才如何深入推进——关于我国引进海外高层次人才的工作进展、成效与推进对策的调查与思考[J]. 中国人才，2012 年第 3 期，第 34－37 页.

或放手给非官方机构来承担，包括融资、猎头、信息中介等等，由这些中介机构提供专业化服务，并进一步提高引才的针对性。此外，要强化管理体系、市场体系、法规体系、分类管理等方面的制度建设，建立科学公平、竞争有序的海外高层次人才使用体制机制。当前海外高层次人才创业中的突出问题在于，由海外高层次人才本身创办的企业成长为大型企业、龙头企业进而带动区域整个产业发展的情况还比较少见，这与其技术能力强、市场开拓能力相对弱，点状创业导向明显、链条式产业化驱动不足等自身问题有很大关系。政府需要做的应该是创业综合能力和投融资方面对其“扶上马，走一程”的支持。无锡市曾经提出，对于530重点企业，实行“一企一策”的培育方式，根据企业发展实际需求，制订个性化的扶持办法，提供“差别化”的服务方式，集中政策资源给予重点支持，促进重点创业企业快速成长和发展壮大。

对于生活保障措施，各级政府在自身权限范围内已经使出了浑身解数，甚至专门制订“绿色通道”式的服务措施来满足海外高层次人才的居留需求。目前，还能够进行提升的方面主要就是海外人才生活所需的国籍、医疗、保险、居住、出入境、购房资格、子女入学便利等。这些方面，在不同地区已经得到不同程度的“变通”解决，未来可在制度化方面做进一步努力。如果说生活服务上还有什么需要改进的地方，那就要强化引进和服务过程中的人文关怀，进一步细化服务流程。从实践来看，创业型海归人才由于一时难有组织归属感，在生活服务和创业支撑上需要特别帮扶。在广大的欠发达地区，如果仅仅从待遇上或者工作或生活保障硬条件上与东部沿海地区相互比拼，则毫无胜算可言，人才需求与支付能力间的矛盾必将进一步突出。所以，差异化人才服务模式，注重以良好的职业发展前景、优越的创新创业氛围和全程化的体贴服务及不断创新的社会化服务模式来吸引和留住海外高层次人才，才是区域引才竞争力的主要立足点。

人才分类管理就牵涉到一个根据不同人才特点进行精细化管理的问题。应该说，无论是“分类管理”“科学管理”还是“精细化管理”，都应该是在海外人才引进饥渴期和温饱期所采取的“权宜之计”；而我们冀望的，恰恰是不需要特别制度安排的“无为而治”模式，即并不特别针对某一层次、年龄阶段、行业领域去制定专门性的政策措施。但是，现阶段建立制度激励还是比较大的边际效应。根据许多实证研究可见，单一管理模式对人才的激励远远小于根据不同人才特点和成长规律而实施的多样化管理模式的激励效果。因此，海外高层次人才的政策激励也要注意改变单一的人事人才管理模式，除了根据地方经济社会发展需要引才之外，还要根据高层次人才成长发展的不同要求和规律，提供有针对性的管理和服务，尤其是要建设与国际高层次人才“市场竞争”形势相适应的激励环境。当然，在管理的过程中，可以适当考虑委托和购买其他社会机构所提供的社会服务，而不是由政府直接出面。

（三）注重长效：建立动态灵活机制

新世纪以来，国家和各省区市设置了大量的海外高层次人才计划，或在其他相关人才政策中加入了大量针对海外高层次人才的内容。但也不难发现，在政策实施过程中，外延式的人才引进倾向还比较明显，讲投入、讲数量、讲排名的目标导向式海外高层次人才引进工作导向十分突出。我们认为，海外人才引进应该注重建立长效机制，以便使人才引进过程充分融合进党委政府工作框架中，同时与经济社会发展充分契合。“长效机制”可以理解为在海外引才工作各环节以及外部环境综合作用下，能够长期保证海外引才工作持续稳定发展的内部运转机理和外部作用与原理。

1. 计划入选者的动态评估与调整机制。自党的十八届三中全会提出改革院士制度，改进和完善院士遴选和退出机制之后，各种人才、基地、项目的动态调整问题逐渐受到社会关注。2014 年 8 月，中组部印发了《关于建立国家“千人计划”入选专家退出制度的意见》，从明确主体责任、信守工作合同、严格退出程序和强化管理监督四个方面对退出制度提出了总体要求，并明确了三种退出形式：主动退出、劝退、取消入选资格。可以想见，这是我国高层次人才制度大变革的前奏。

要构建人才引进工作后期的评价（如激励和退出）机制，对发展较好的项目以资金等方式进行分级别奖励，对在一定年限内无明显成果或发展势头不良的项目不再给予政策或资金支持。建立对高层次人才的动态评估机制，是科学调整与合理退出的前提条件，这主要包括两方面工作：①建立资金使用效果评估机制。用人单位或其他监督单位应该根据国际惯例和科研规律，对受资助者项目定期进行评估和考核，一方面可由此保证资金使用在“刀刃上”；另一方面，也可通过这个过程来了解项目进行过程中遇到的困难，政府可由此提供进一步的支持，来保证项目按时、按质、按量地完成。②建立奖励机制。在已有的奖励、资助措施的基础上，对被资助者在受资助期间获得一些突出的成果或获得相关荣誉进行奖励，来留住这部分高层次的人才，也进一步扩大政府对高层次人才支持的宣称作用。

从长远来看，只有建立动态评估与调整机制，才能最大程度上发挥海外高层次人才计划的激励作用，更好地建立起人才计划的社会影响力、公信力。海外人才进入人才计划上的多报多得、兼报兼得现象，不但浪费了各地方有限的政策资源，而且容易造成高层次人才不把工作重心放在创新创业上。本书认为，进入更高层级人才计划的人才，如从苏州市姑苏人才计划到江苏省双创计划再到国家千人计划，可以考虑在固定性的物质待遇上适当裁减，一定程度上减少重复资助。建立动态管理机制，对人才计划的执行成效进行定期评估与反馈，及时更新、补充或修订人才计划。对于重点人才，如能对区域重点产业发展起到引领作用的海外高层次人才，可以制定针对性的优惠政策，实行一对一的支持。

2.计划体系的整合与补偿机制。这一点在前面简单讨论过。本书撰写过程中，我们所关注到的各个地区各层级政府出台的大量海外人才引进和培养的政策文件，深深地感觉到政策文件的五花八门。政策文本所涉及的内容，其实多有雷同，看多了会感觉“烦躁”，我们就想能否把计划体系简单化，在地区间进行合并、裁撤、提升，成立统一的部门或者形成一套工作机制进行协调整合，进而减少人才计划的交叉，提高资金使用效率和引进效果。但囿于地方发展的冲动、区域间协调性的困难以及发展水平的巨大差异，全国一盘棋制定统一的海外高层次人才政策应该十分困难。

海外高层次人才计划体系的整合与补偿机制的基本取向是朱军文等(2013)提出的“加强国家层面人才引进政策对中西部地区的‘转移支付’功能”①的建议。在我国地区发展不平衡和高水平大学区域分布不均衡的现实情况下，各地在海外人才引进中的竞争力也是不均衡的。中西部地区发展相对落后，对高层次人才需求更迫切，但地方政府支持能力相对较弱。据王辉耀和路江涌

---

① 资料来源：朱军文，沈悦青，刘念才. 提高省级政府海外人才引进政策实施效果的若干建议[Z]. 教育部科学技术委员会《专家建议》，2013年第6期，2013年4月5日.

(2012)统计,国家“千人计划”引进人才主要集中在东部地区和沿海发达省份,[①]前六批引进人才中,北京415人,上海225人,江苏161人,浙江93人,广东79人,湖北77人,天津62人,七省市占比74%(且青海、西藏无一人入选)。[②] 因此,建议参照财政“转移支付”方式,加强国家在海外高层次人才引进上对欠发达地区的“转移支付”。即在国家层面(包括部委层面)的海外高层次人才引进计划中,除了全国统一申报,公平、公正的评审支持外,单列面向中西部地区的支持名额,在不降低人才入选标准的前提下,扩大中西部地区的海外人才引进规模,弥补省级政府海外高层次人才引进上可能存在的差距,为中西部地区的发展提供更大的人力资源支持。

加强政府层面政策的协调性。当前除了不同层级政府间存在多种涉及海外高层次人才的政策规定外,在同级政府部门间也存在针对不同对象、领域、层次海外高层次人才的政策内容,这不可避免会带来海外人才创新创业中的精力浪费,也会带来政府部门工作的协调成本。往常解决这个问题的常用办法是建立同级政府部门间或不同层级政府间的常设性、阶段性、临时性的议事协调机构,统一协调各种具有针对性的某一领域或议题下的工作事项。本书认为,在政府机构设置构架和海外人才工作职能隶属不同机构的情况下,诸如“人才办”这样的机构确有存在必要。但随着海外人才“超国民待遇”向“国民待遇”转变,市场化的人才使用机制建立,人才工作“内外一致”局面形成,原来隶属于同级政府不同部门间和不同政府层级间的海外人才工作职能应该走向统一,“议事协调机构”自然会失去其合理性基础。

3. 工作主体与要素有效融合机制。海外高层次人才工作涉及政府、企业、高校、科研机构、各类园区、中介机构、投融资机构、海外人才自身等主体。而引才长效机制又包括以下构成要素:高效的领导机制;可靠的需求预测机制;多元化的人才发现机制;严格的审查评审机制;积极的资助扶持机制;创新的投融资扶持机制;科学的评价考核机制;完善的保障服务机制;宽严相济的淘汰机制;及时的监控反馈机制等等。不同工作主体与构成要素间形成纵横交错的结点联系,共同构成了海外高层次人才政策网络。

---

① 最近几年这一趋势有所改变,但基本布局依然如此.

② 王辉耀,路江涌. 中国海归创业的特点、现状、趋势和政策[R]. 摘自:王辉耀,路江涌编著. 中国海归创业发展报告(2012)[R]. 北京:社会科学文献出版社,2012年版,第21页.

各构成要素间的配合和衔接对建立有效的海外引才长效机制极为重要。如果从政策保障的角度来看，有效的领导管理体制是提高海外引才工作成效的最为关键的机制，而其他机制间的组织和联结是实现海外引才工作的重要保障。此外，还必须充分考量引才系统与系统之外的联系，对这种联系的充分把握是提高引才工作效果的重要支撑。海外引才长效机制发挥不仅依赖内部各要素功能的发挥，也依赖于与环境的交互关系。是否能够适应外部环境，以及外部环境是否能为海外引才提供保障条件，都会影响海外引才长效机制部分功能的实现。外部环境主要有政治环境、经济环境、社会环境和文化环境。

而从长远来看，随着海外高层次人才存量的不断提高，经济产业发展对人才匹配度要求的不断提升，社会发展中市场机制根本性作用的突显，海外高层次人才引进也必须充分发挥市场在配置人才资源中的作用。市场发挥作用过程中，要坚持以下几点：一是要注重人才的市场价值，建立海外高端人力资源市场，提供充分的市场信息，允许人才的自由流动；二是充分运用市场化手段，如委托或由市场主体承担人才的搜寻、考评、使用等角色，来提高人才引进效果，同时适当为政府“减负”；三是政府要给予海外引才落后地区以政策补偿，避免海外高层次人才引进中贫富差距过大，在资金投入、名额分配、基地建设等方面都给予一定优惠。

充分发挥市场在海外高层次人才引进中的作用，至少可以起到以下几点好处：一是能够很大程度上规避海外人才的造假问题，而近些年在政策优惠力度较大、各地引才竞争激烈的情况下，这个问题比较普遍；二是特别体现出人才引进“以用为本”的宗旨，避免盲目引才，进而造成财政资源浪费和智力资源浪费，扩大人才使用的边际效应。长期以来，政府一方面要征集、发布、协调企业用才需求，另一方面要搜寻、发掘、引进海外高层次人才，承担的交易成本十分巨大，也浪费了宝贵的政策资源。而由于交易成本过大和引才信息不对称，政府在引进海外高层次人才中往往疲于奔命，始终处于被动地位。

索　引

后　记

海外高层次人才政策瞬息万变，十八大之后全面深化改革举措频出，各地探索呈继续深化和多变态势。撰写书稿中想要充分跟踪最新发展十分困难，何况与期刊相比，书籍从撰写到出版还有一个较长过程。虽然我们研究团队连续承担过相关政府咨询课题，但所写报告大多具有满足委托方需求的应景意味，反映政策规律的“学术性”淡了些。关注这一主题，并决定把相关研究内容撰书出版，让人不禁想到名著《堂·吉诃德》。在前期工作的基础上，书稿撰写主要完成了三个方面的工作：(1)更新素材，力争把各案例区域的最新政策动向和实践进展补充进来；(2)梳理规律，从大量政策文本和项目、计划实践中提炼本质性的东西；(3)提出建议，以创新驱动的宏观视野关照海外高层次人才政策，提出不同发展阶段的政策趋向和诉求。

创新驱动的精髓在于，以人才引领产业，以产业集聚人才，实现“高层次人才、高水平科技创新成果、高新技术产业(集群)”的“三高联动”，逐步形成“引进一批人才、发展一批企业、带动一个产业”的链式效应，这被称为“通用方法论”，也是产业规划、科技战略、人才计划的重要诉求。海外高层次人才政策在创新驱动政策体系中扮演关键角色，原因首先是本土高层次人才蓄积量、层次结构都有很大欠缺，在满足现有经济产业发展和拓展经济产业发展空间上相对乏力；其次是近些年我国经济发展速度较快，水平较高，部分先进地区的科技创新水平、人均 GDP 水平逐渐与中等发达国家接近，容纳海外高层次人才的空间较大，大量吸纳海外高层次人才的条件比较充分;最后是其他国家尤其是发达国家经济发展相对乏力,在散落海外的高层次人才保有量十分可观的情况下,海外高层次人才具有回国创新创业的可能性与巨大潜力。

本书选择"创业人才"作为海外高层次人才的切入点,既带有对全局的宏观预测,也具备一定的现实依据。从宏观预测来看,全球经济社会发展普遍呈现自由市场化与管制国家化的中间趋同。如我们关注的高等教育领域,私有化高等教育体制受到政府话语的侵入,表现在应对政府发展目标的积极,如美国公立研究型大学在满足社会需求和争取非公共经费上的部分变革;而公立高等教育一家独大的体制中,崇尚办学自主权,发展私立高等教育机构受到青睐,如在中国不断发展中外联合办学、不断扩大高校办学自主权等情况。管中窥豹,在经济领域,市场经济一统天下的情况似不可避免,这基本上是全球趋势。这一点表现在科技创新领域就是创新主体企业化,创新机制市场化,创新要素私有化。与"现实依据"相联系,我国国家创新体系的整体形态已由以科研院所和高校为核心的研发体系向以企业为核心的创新体系演进,如"企业在创新投入中所占比重超过四分之三,企业在创新产出中的比重超过60%",更具有关键意义的是"以企业为核心的创新网络初步形成,企业与其他创新主体之间的互动关系显著增强"。①

如果以创新驱动视角来审视海外高层次人才政策,高校高层次创新人才必然在考虑范畴之内,且我们已有部分基础,本书囿于篇幅没有涉及。从海外高层次人才引进总体来看,国家层面和省级层面对研究型大学、科研机构的创新人才走出去有比较多的计划支持,而对创业人才走出去相对不足,——虽然引进来的工作做得已然较多。而事实上,从"千人计划"入选者的数据来看,创业型科学家的比例过少是计划效果不尽如人意的重要方面,而这部分人才对地方性创新驱动发展的意义至为关键。从政策实践来看,似乎并没有把社会创业人才与高校创新人才完全分开对待的情况,虽然二者在政策过程上存在许多迥异之处。我们的研究团队将会在未来一段时间之内继续关注高校(海外)高层次人才计划体系的进展,在条件成熟的时候再推出新的研究成果。

① 参考:康琪,李哲,李研. 我国国家创新体系发展的现状特征[R]. 中国科学技术发展战略研究院《调研参考》,第1836期,2014年7月22日.

随着全面深化重点领域综合改革要求的提出，特别是创新驱动发展的深入推进，我国对海外高层次人才需求在规模扩大的同时，主要变化还体现在层次、重点、领域的变化上。层次要跃升，重点要突出，自不待言。领域上的变化，我们认为，在社会综合治理方面的海外人才需求已经凸显出来，如政府管理人才[①]、科技服务人才（如技术经纪人）、金融中介人才等。以科技服务人才中的（国际）技术转移高端人才来看，其所要求的综合性、专业性、前瞻性素质，并不亚于当前“千人计划”、“长江学者”专业人士，但却并未进入海外高层次人才计划视野。从整体上看，由于上述急需的所谓“社会综合治理”方面人才的考察评价相对复杂，其进入人才计划的困难程度较大，可能是未能受到人才计划充分关注的原因之一。当然，进入人才计划的人才类型并非是发挥这方面人才作用的唯一途径，但如果能够在海外人才引进“饥渴期”和“温饱期”充分发挥人才计划的引导性作用，给相关海外人才以乐观的职业生涯预期，则善莫大焉。

本书是集体智慧的结晶。在前期成果的基础上，邹晓东负责整体框架和主要内容设计，吴伟负责第一、二、五、六章的初稿的撰写和整理，韩旭、汪雨婷负责第三、四章的初稿的撰写和整理，范惠明参与了部分章节的撰写和修改，邹晓东最后对全书进行了统稿和润色。

涉足这一领域，我们深感重任在肩，学术的使命与学者的责任，都敦促我们不断探索，是以为记。

① 参见：吴伟，陈景元. 吸纳海外高层次人才参与政府事务问题探析[J].《盐城工学院学报(社会科学版)，2013 年第 1 期，第 30—34 页.

图书在版编目（CIP）数据

创新驱动与海外高层次人才区域政策／邹晓东等著.
—杭州：浙江大学出版社，2015.7
（科教发展论丛）
ISBN 978-7-308-14861-0

Ⅰ.①创… Ⅱ.①邹… Ⅲ.①创造型人才－人才政策
－研究－中国 Ⅳ.①C964.2

中国版本图书馆CIP数据核字（2015）第157073号

创新驱动与海外高层次人才区域政策

邹晓东 等著

责任编辑 李海燕
封面设计 续设计
出版发行 浙江大学出版社
（杭州市天目山路148号 邮政编码310007）
（网址：http://www.zjupress.com）
排 版 杭州中大图文设计有限公司
印 刷 浙江印刷集团有限公司
开 本 710mm×1000mm 1/16
印 张 10.5
字 数 166千
版 印 次 2015年7月第1版 2015年7月第1次印刷
书 号 ISBN 978-7-308-14861-0
定 价 32.00元

浙江大学出版社发行部联系方式：0571－88925591；http://zjdxcbs.tmall.com